中华人民共和国
消防法

注释本

法律出版社法规中心　编

法律出版社
LAW PRESS CHINA
·北　京·

图书在版编目(CIP)数据

中华人民共和国消防法注释本 / 法律出版社法规中心编. -- 2 版. -- 北京 : 法律出版社, 2021(2022.2 重印)
(法律单行本注释本系列)
ISBN 978 -7 -5197 -5587 -4

Ⅰ. ①中… Ⅱ. ①法… Ⅲ. ①消防法-法律解释-中国 Ⅳ. ①D922.145

中国版本图书馆 CIP 数据核字(2021)第 082434 号

中华人民共和国消防法注释本
ZHONGHUA RENMIN GONGHEGUO XIAOFANGFA ZHUSHIBEN

法律出版社法规中心 编

责任编辑 李 群 陈 熙
装帧设计 李 瞻

出版发行 法律出版社
编辑统筹 法规出版分社
责任校对 张红蕊
责任印制 张建伟
经 销 新华书店

开本 850 毫米×1168 毫米 1/32
印张 6.375 **字数** 167 千
版本 2021 年 7 月第 2 版
印次 2022 年 2 月第 3 次印刷
印刷 固安华明印业有限公司

地址:北京市丰台区莲花池西里 7 号(100073)
网址:www.lawpress.com.cn
投稿邮箱:info@lawpress.com.cn
举报盗版邮箱:jbwq@lawpress.com.cn
销售电话:010-83938349
客服电话:010-83938350
咨询电话:010-63939796

书号:ISBN 978-7-5197-5587-4 **定价**:24.00 元
凡购买本社图书,如有印装错误,我社负责退换。电话:010-83938349

编辑出版说明

现代社会是法治社会，社会发展离不开法治护航，百姓福祉少不了法律保障。遇到问题依法解决，已经成为人们处理矛盾、解决纠纷的不二之选。然而，面对纷繁复杂的法律问题，如何精准、高效地找到法律依据，如何完整、准确地理解和运用法律，日益成为人们“学法、用法”的关键所在。

为了帮助读者快速准确地掌握“学法、用法”的本领，我社开创性地推出了“法律单行本注释本系列”丛书，至今已十余年。本丛书历经多次修订完善，现已出版近百个品种，涵盖了社会生活的重要领域，已经成为广大读者学习法律、应用法律之必选图书。

本丛书具有以下特点：

1. 出版机构权威。成立于1954年的法律出版社，是全国首家法律专业出版机构，始终秉承“为人民传播法律”的宗旨，完整记录了中国法治建设发展的全过程，享有“社会科学类全国一级出版社”“全国百佳图书出版单位”等荣誉称号。

2. 编写人员专业。本丛书皆由相关法律领域内的专业人士编写，并引入匿名审稿评估制度，确保图书内容始终紧跟法治进程，反映最新立法动态，体现条文本义内涵。

3. 法律文本标准。作为专业的法律出版机构，多年来，我社始终使用全国人民代表大会常务委员会公报刊登的法律文本，积淀了丰富的标准法律文本资源，并根据立法进度及时更新相关内容。

4. 条文注解精准。本丛书以立法机关的解读为蓝本，对每个条文提炼出条文主旨，并对重点条文进行注释，使读者能精准掌握立法意图，轻松理解条文内容。

5. 配套附录实用。书末“附录”部分收录的均为重要的相关法律、法规和司法解释，使读者在使用中更为便捷，使全书更为实用。

需要说明的是，本丛书中“适用提要”“条文主旨”“条文注释”等内容皆是编者为方便读者阅读、理解而编写，不同于国家正式通过、颁布的法律文本，不具有法律效力。本丛书不足之处，恳请读者批评指正。

我们用心打磨本丛书，以期待为法律相关专业的学生释法解疑，致力于为每个公民的合法权益撑起法律的保护伞。

法律出版社法规中心

2021年6月

目　　录

附　录

《中华人民共和国消防法》适用提要

《消防法》[1]的实施是治国安邦的一件大事，是时代发展的客观要求。《消防法》作为我国历史上第一部完整、科学、权威的消防法律，它的诞生不仅适应了处在转折时期的我国经济发展和社会进步的客观需要，也标志着我国的消防工作走上了依法治火的轨道，为消防行政执法和消防事业的发展奠定了良好的法律基础。《消防法》规定我国消防工作由国务院领导，由各级人民政府负责。任何单位、个人都有维护消防安全、保护消防设施、预防火灾、报告火警的义务。任何单位、成年公民都有参加组织的灭火工作的义务。

《消防法》的立法目的是预防火灾和减少火灾危害，保护公民人身、公共财产和公民财产的安全，维护公共安全，保障社会主义现代化建设的顺利进行。特别是《消防法》把保护公民人身安全放在首位，体现了生命安全第一宝贵的原则。

我国《消防法》是由九届人大常委会第二次会议于 1998 年 4 月 29 日通过，自 1998 年 9 月 1 日起施行。原来由六届人大常委会第五次会议批准、1984 年 5 月 13 日国务院公布的《中华人民共和国消防条例》同时废止。2008 年 10 月 28 日第十一届全国人民

---

① 为方便阅读，本书法律名称均使用简称。

代表大会常务委员会第五次会议对《消防法》进行了修订，根据2019年4月23日第十三届全国人民代表大会常务委员会第十次会议《关于修改〈中华人民共和国建筑法〉等八部法律的决定》对《消防法》进行了第一次修正，根据2021年4月29日第十三届全国人民代表大会常务委员会第二十八次会议《关于修改〈中华人民共和国道路交通安全法〉等八部法律的决定》对《消防法》进行了第二次修正。第二次修正后的《消防法》共7章74条，分别从总则、火灾预防、消防组织、灭火救援、监督检查、法律责任等方面，对我国消防制度的整体框架和主要内容作出规定。

《消防法》的重点内容有以下几个方面：

1. 消防工作原则，即“政府统一领导、部门依法监管、单位全面负责、公民积极参与”。

2. 明确各级人民政府和有关部门的消防工作职责，以及机关、团体、企业、事业等单位的消防安全具体职责，强调建设、设计、施工、工程监理等单位依法对建设工程消防设计、施工质量负责，强调产品质量监督部门、市场监督管理部门和消防救援机构的消防产品质量监管职责。

3. 完善消防监督管理制度。第一，对不同建设工程按规定实行消防设计审查验收制度。第二，强调消防监督检查工作，明确公安派出所日常消防监督检查和消防宣传教育的职责。第三，国家对消防产品实行强制性产品认证制度，产品质量监督部门、市场监督管理部门、消防救援机构依法加强对消防产品质量的监督检查。第四，应当注意的是，2008年修订取消了举办大型群众性活动的消防行政许可。

4. 加强农村消防工作。根据建设社会主义新农村的要求，地方各级人民政府应当加强对农村消防工作的领导，采取措施加强公共消防设施建设，组织建立和督促落实消防安全责任制，并对乡镇消防规划、消防力量建设、农村消防宣传教育等工作提出了明确要求。

5. 完善社会消防技术服务机制。按照转变政府职能、加强公共服务的要求，规定消防产品质量认证、消防设施检测、消防安全监测等消防技术服务机构和执业人员，应当依法获得相应的资质、资格；依照法律、行政法规、国家标准、行业标准和执业准则，接受委托提供消防技术服务，并对服务质量负责。

6. 强调应急救援工作。根据经济社会发展对保障和改善民生、完善应急救援机制的需要，明确了《消防法》立法目的之一是“加强应急救援工作”，并进一步强化了国家综合性消防救援队和专职消防队应急救援建设和保障措施，明确了地方人民政府，以及国家综合性消防救援队、专职消防队在应急救援工作中的职责。

7. 强调对危害公共消防安全行为的查处力度。2008 年修订后，取消了一些行政处罚限期改正的前置条件，完善了应予行政处罚的违反消防法规行为，调整了处罚种类，明确了罚款数额，加大了对一些严重违法行为的处罚力度。

8. 强调对消防执法工作的监督。“监督检查”一章专门规定，县级以上地方人民政府应当落实消防工作责任制，对本级人民政府有关部门履行消防安全职责的情况进行监督检查；住房和城乡建设主管部门、消防救援机构及其工作人员应当按照法定的职权和程序进行消防设计审查、消防验收、备案抽查和消防安全检查，做到公正、严格、文明、高效。

9. 明确违反本法规定应承担的法律责任。2019 年修正后的《消防法》第 58 条，在 2008 年《消防法》第 58 条的基础上，删除了一个违法情形，因为 2019 年《消防法》已经没有关于“消防设计备案”的规定。同时，执法主体发生了变化，对于第 58 条规定的行为，现由住房和城乡建设主管部门、消防救援机构管理。

第二次修正后的《消防法》在 2019 年《消防法》的基础上，仅对第 15 条、第 34 条、第 58 条和第 69 条进行了部分修改。

针对《消防法》的规定，公安部先后公布了一系列规章，如《高层居民住宅楼防火管理规则》《公共娱乐场所消防安全管理规定》《机关、团体、企业、事业单位消防安全管理规定》《高等学校消防安全管理规定》等，对居民住宅楼、公共娱乐场所和机关事业单位等消防安全作出具体规定。并且，针对特定工作领域，如建设工程、消防监督检查、火灾事故调查、社会消防技术服务等，公安部也有专门的规章进行规范，这些内容，均可在本书附录处查找到相应法规，在本书“关联法规”栏目，亦标注相关条文序号。此外，一些重要规定的个别相关条文，如《产品质量法》《治安管理处罚法》《建筑法》《大型群众性活动安全管理条例》等，直接在“条文注释”栏目中引用涉及消防规范的相关内容。

中华人民共和国消防法

（1998 年 4 月 29 日第九届全国人民代表大会常务委员会第二次会议通过　2008 年 10 月 28 日第十一届全国人民代表大会常务委员会第五次会议修订　根据 2019 年 4 月 23 日第十三届全国人民代表大会常务委员会第十次会议《关于修改〈中华人民共和国建筑法〉等八部法律的决定》第一次修正　根据 2021 年 4 月 29 日第十三届全国人民代表大会常务委员会第二十八次会议《关于修改〈中华人民共和国道路交通安全法〉等八部法律的决定》第二次修正）

第一章　总　　则

第一条　【立法目的】[1]为了预防火灾和减少火灾危害，加强应急救援工作，保护人身、财产安全，维护公共安全，制定本法。

条文注释

本条是关于本法立法目的的规定。

法律是具有强制力的社会规范，有强烈的目的性。一部法律需要将具体条文统一在一定的立法目的之下，设计出具体法律条文，才能形成一部法律。为更好地表现一部法律的指导思想和主要内容，便于社会公众和执法者理解和贯彻落实，每部法律都会在第一

① 条文主旨为编者所加，下同。

条开宗明义，明确其立法目的。本条规定的立法目的，可以从两个层面上进行理解：直接目的是预防火灾和减少火灾危害；根本目的是保护人身、财产安全，维护公共安全。

第二条　【消防工作的方针、原则、制度】消防工作贯彻预防为主、防消结合的方针，按照政府统一领导、部门依法监管、单位全面负责、公民积极参与的原则，实行消防安全责任制，建立健全社会化的消防工作网络。

条文注释

本条是关于消防工作的方针、原则、制度的规定。

1. 消防工作的方针

我国消防工作实行预防为主、防消结合的方针，准确地表达了“防”和“消”的辩证关系，反映了消防工作的客观规律，体现了我国消防工作的特点：

(1)预防为主。这是指在消防工作中，首先要做好防止火灾发生的工作，包括建立健全消防法制和规章制度，提高全民消防安全意识，强化火灾预防措施，消除火灾隐患，提高全社会抵御火灾的能力。(2)防消结合。这是指把预防火灾和扑救火灾这两个与火灾斗争的基本手段有机地结合起来，在贯彻预防为主的同时，强化灭火措施，强化消防队伍，提高救火能力。(3)“预防为主，防消结合”的方针贯穿整部《消防法》。为了贯彻这一方针，《消防法》对火灾预防、灭火救援都作了专章规定。

2. 消防工作的原则

消防工作的原则是“政府统一领导、部门依法监管、单位全面负责、公民积极参与”。这一原则符合消防工作规律，有利于协调消防救援机构、政府其他职能部门与社会各单位之间的关系，建立并落实各方面的消防安全责任制，有利于调动公民参与消防安全建设的积极性。消防工作的原则具体包括以下几方面的内容：(1)消防工作是人民政府履行社会管理和公共服务职能的重要内容。(2)要建立健全部门信息沟通和联合执法机制，有关部门各负其责，齐抓共管。(3)依法落实单位消防安全责任。(4)要采取多种措施引导和鼓励群众参与消防工作，形成群众积极参与的新局面。

3. 实行消防安全责任制

消防安全责任制是消防安全管理体系中最基础、最根本、最重要的一环。它要求各级政府、各部门、各单位在消防安全工作中，依照法律规定，各负其责。政府对本行政区域内的消防责任，应当层层落实到有关单位和人员。各单位也要在内部实行和落实逐级消防责任制、岗位消防安全责任制，将消防责任落实到具体环节和个人，切实做到"谁主管，谁负责；谁在岗，谁负责"。在预防和灭火工作中，要确保有关人员各负其责，做好各项消防工作，并对违反《消防法》等行为分清责任，及时认真查处。

4. 社会化的消防工作网络

消防工作是一项综合性的工作，需要政府及其职能部门的配合协调，也需要社会各界的广泛积极参与；消防工作包括宣传教育、城乡整体规划、工程建设、产品质量监管、监督检查、火灾报警、灭火救援等各个领域和环节，需要调动各方面的资源，发挥各方面能动性，在消防宣传、消防建设、消防监督、防火灭火以及应急救援等消防工作的各个领域和环节建立立体、联动的社会消防工作网络，形成快速、全面的反应机制。

第三条　【各级人民政府的消防工作职责】国务院领导全国的消防工作。地方各级人民政府负责本行政区域内的消防工作。

各级人民政府应当将消防工作纳入国民经济和社会发展计划，保障消防工作与经济社会发展相适应。

条文注释

本条是关于各级人民政府在消防工作中所负职责的规定。

根据本条第1款的规定，国务院领导全国的消防工作。地方各级人民政府负责本行政区域内的消防工作。根据这一要求，各级人民政府要把消防安全工作纳入政府的任期目标,列入重要议事日程,建立健全消防安全工作责任制,认真研究和解决消防工作中的重大问题,使消防工作与本地区的经济社会发展相适应。政府要明确各有关部门的职责,加强督促检查和组织协调,指导有关部门共同做好消防工作,大力支持消防救援机构的工作,帮助他们解决工作中的实际困难和问题,为其正常履行职责、开展执法活动提供指导和支持。

本条第2款规定,各级人民政府应当将消防工作纳入国民经济和社会发展计划,保障消防工作与经济社会发展相适应。根据这一规定,将消防工作纳入国民经济和社会发展计划(规划)是地方各级人民政府做好消防工作的首要职责,其目标是保障消防工作与经济社会发展相适应。政府在编制国民经济和社会发展计划(规划)时,要对本地区消防规划的编制,消防设施的建设,消防装备的配置,尤其是农村地区的消防管理问题,予以统筹考虑和规划;根据今后较长时期内经济社会发展的要求,加强计划的针对性和可操作性,通过加强宏观调控和管理,有计划地落实消防工作,使消防建设与经济建设和社会各方面的建设同步发展,改变消防建设滞后的局面。

第四条　【消防工作监督管理体制】国务院应急管理部门对全国的消防工作实施监督管理。县级以上地方人民政府应急管理部门对本行政区域内的消防工作实施监督管理,并由本级人民政府消防救援机构负责实施。军事设施的消防工作,由其主管单位监督管理,消防救援机构协助;矿井地下部分、核电厂、海上石油天然气设施的消防工作,由其主管单位监督管理。

县级以上人民政府其他有关部门在各自的职责范围内,依照本法和其他相关法律、法规的规定做好消防工作。

法律、行政法规对森林、草原的消防工作另有规定的,从其规定。

条文注释

本条是关于消防工作监督管理体制的规定。

中华人民共和国应急管理部是国务院组成部门,2018 年 3 月根据第十三届全国人民代表大会第一次会议批准的国务院机构改革方案设立,其职责之一是指导、监督全国的消防工作,统一领导应急救援队伍建设。因此本条明确规定,国务院应急管理部门对全国的消防工作实施监督管理,即由应急管理部对全国范围内的消防工作进行规划、部署、监督检查。根据行政层级原理,地方应急管理部门是本行政区域内消防工作的主管部门。县级以上地方人民政府应急管理部门对本行政区域内的消防工作实施监督管理,并由本级人民政府消防救援机构负责实施。消防救援机构的主要职责为:组织指导城乡综合性消防救援工作,负责指挥调度相关灾害事故救援行动。参与起草消防法律法规和规章草案,拟订消防技术标准并监督实施,组织指导火灾预防、消防监督执法以及火灾事故调查处理相关工作,依法行使消防安全综合监管职能。负责消防救援队伍综合性消防救援预案编制、战术研究,组织指导执勤备战、训练演练等工作。组织指导消防救援信息化和应急通信建设,指导开展相关救援行动应急通信保障工作。负责消防救援队伍建设、管理和消防应急救援专业队伍规划、建设与调度指挥。组织指导社会消防力量建设,参与组织协调动员各类社会救援力量参加救援任务。组织指导消防安全宣传教育工作。管理消防救援队伍事业单位。完成应急管理部交办的跨区域应急救援等其他任务。

关联法规

《森林法》第 34 条;《草原法》第 30、41 条;《军事设施保护法》;《森林防火条例》第 6～10 条

第五条　【单位、个人的消防义务】任何单位和个人都有维护消防安全、保护消防设施、预防火灾、报告火警的义务。任何单位和成年人都有参加有组织的灭火工作的义务。

条文注释

本条是关于单位、个人的消防义务的规定。

1. 维护消防安全的义务

维护消防安全的含义比较宽泛，各地区、各部门、各行业、各单位以及每个社会成员都应当认真学习消防法律知识，不断增强消防法制观念，提高消防安全意识，积极做好消防安全工作。各单位应当认真改善防火条件，落实防火措施，及时消除火灾隐患，创造良好的消防安全环境，维护消防安全。

2. 保护消防设施的义务

保护消防设施是每个单位和个人的义务，单位有损坏、挪用或者擅自拆除、停用消防设施器材行为的，责令改正，处5000元以上5万元以下罚款。个人有上述行为的，处警告或者500元以下罚款。消防设施既包括公共消防设施，也包括单位用于消防的其他设施。所谓消防设施，见本法第73条第1项的规定。

3. 预防火灾的义务

根据本法第16条的规定，机关、团体、企业、事业等单位应当履行下列消防安全职责：落实消防安全责任制，制定本单位的消防安全制度、消防安全操作规程，制定灭火和应急疏散预案；按照国家标准、行业标准配置消防设施、器材，设置消防安全标志，并定期组织检验、维修，确保完好有效；对建筑消防设施每年至少进行一次全面检测，确保完好有效，检测记录应当完整准确，存档备查；保障疏散通道、安全出口、消防车通道畅通，保证防火防烟分区、防火间距符合消防技术标准；组织防火检查，及时消除火灾隐患；组织进行有针对性的消防演练，等等。履行这些职责的目的，是要加大预防火灾的力度。

4. 报告火警的义务

本法第44条第1款规定，任何人发现火灾都应当立即报警；任何单位、个人都应当无偿为报警提供便利，不得阻拦报警。

5. 参加有组织的灭火工作的义务

任何单位和成年人都有参加有组织的灭火工作的义务。所谓有组织的灭火工作,是指灭火工作是在各级人民政府、消防组织或者发生火灾的单位、部门的组织、带领下进行的。所谓成年公民,是指年满18周岁,精神正常的公民。未成年人身体、心智都尚未发育成熟,分析问题和处理问题的能力相对薄弱,对火灾中的危险事项尚不能完全认知,对危险情况不能进行完全正确的判断和处理,也难以在灭火工作中有效地保护自己和他人,极易造成不必要的人身伤亡。因此,任何单位和个人都不得组织未成年人参加灭火。

第六条 【消防宣传教育义务】各级人民政府应当组织开展经常性的消防宣传教育,提高公民的消防安全意识。

机关、团体、企业、事业等单位,应当加强对本单位人员的消防宣传教育。

应急管理部门及消防救援机构应当加强消防法律、法规的宣传,并督促、指导、协助有关单位做好消防宣传教育工作。

教育、人力资源行政主管部门和学校、有关职业培训机构应当将消防知识纳入教育、教学、培训的内容。

新闻、广播、电视等有关单位,应当有针对性地面向社会进行消防宣传教育。

工会、共产主义青年团、妇女联合会等团体应当结合各自工作对象的特点,组织开展消防宣传教育。

村民委员会、居民委员会应当协助人民政府以及公安机关、应急管理等部门,加强消防宣传教育。

第七条 【鼓励支持消防事业,表彰奖励有突出贡献的单位、个人】国家鼓励、支持消防科学研究和技术创新,推广使用先进的消防和应急救援技术、设备;鼓励、支持社会力量开展消防公益活动。

对在消防工作中有突出贡献的单位和个人,应当按照国家有关规定给予表彰和奖励。

条文注释

本法第7条是关于鼓励支持消防科研、技术创新，开展消防公益活动，以及有关奖励的规定。

应当注意的是，表彰和奖励的主体一般是各级人民政府和有关部门，包括各级人民政府、应急管理部门、上级主管机关或者本单位等。所谓“有突出贡献”，一般是指在消防安全宣传教育普及，消防安全措施落实，消防组织制度健全，火灾隐患及时消除，消防器材设备完好有效，无火灾事故等方面工作成绩突出的；及时组织扑灭火灾或者积极支援邻近单位和居民扑救火灾，避免重大损失的；在开展消防科学技术研究和技术革新等方面有突出贡献的。

表彰主要是精神奖励，如通报表扬、给予荣誉称号；奖励一般给予一定的奖金、经费等。在进行表彰和奖励时，需要注意一些原则：依法表彰、奖励，实事求是；奖励和受奖行为相当；精神奖励和物质奖励相结合；程序民主、公开、公正、及时。

第二章　火灾预防

第八条　【消防规划】地方各级人民政府应当将包括消防安全布局、消防站、消防供水、消防通信、消防车通道、消防装备等内容的消防规划纳入城乡规划，并负责组织实施。

城乡消防安全布局不符合消防安全要求的，应当调整、完善；公共消防设施、消防装备不足或者不适应实际需要的，应当增建、改建、配置或者进行技术改造。

条文注释

本条是关于消防规划的规定。

城乡规划是各级人民政府统筹安排城乡发展建设空间布局，保护生态和自然环境，合理利用自然资源，维护社会公平公正的重要依据，具有重要公共政策的属性。城乡规划包括城镇体系规划、城市规划、镇规划、乡规划和村庄规划。《城乡规划法》第 17 条第 2 款规定，规划区范围、规划区内建设用地规模、基础设施和公共服务设施用地、水源地和水系、基本农田和绿化用地、环境保护、自然与历史文化遗产保护以及防灾减灾等内容，应当作为城市总体规划、镇总体规划的强制性内容。消防属于防灾减灾的重要内容，其规划具有法定强制力，必须严格执行，不得擅自更改；需要进行调整的，必须依照法定程序进行。本条更加明确地将消防规划纳入城乡规划中，并规定地方各级人民政府负责组织实施消防规划。这是应对火灾危害，加强消防工作的一项强有力措施，是地方各级人民政府负责本行政区域消防工作的根本性制度保证。

消防规划的主要内容包括：

(1)消防规划。消防规划是城乡规划的重要组成部分。应当注意的是，各级人民政府在注重城市消防规划的同时，也必须注重农村消防规划，改善广大农村消防工作这一薄弱环节，在实现城乡统筹协调发展的同时，也实现城乡消防规划统筹发展。(2)消防安全布局。所谓消防安全布局，主要是指为保障城乡建设的安全发展，确保国家、集体和公民个人财产的安全和人身安全，在城乡总体规划时，根据当地常年的风向、气候、地形等因素，将生产、储存、装卸易燃易爆物品的工厂、仓库、码头以及易燃易爆气体和液体的充装站、供应站、调压站等场所建立在城市的边缘或者相对安全的地带；上述这些单位要与铁路、公路、居民区的防火间距达到防火规范要求。(3)消防站。根据有关规定，消防站分为普通消防站、特种消防站和水上消防站。普通消防站一般按照责任区面积 4～7 平方公里建立；特种消防站主要针对高层建筑、地下工程、易燃易爆化学品的生产、储存等单位而建立；水上消防站主要在物资集中、运输量大、火灾危害性大的沿海、内河城市建立。(4)消防供水。消防供水包括公共水源和特定消防水源。特定消防水源一般是指根据当地条件和灭火的需要而建立的专门用于消防的水源，如消防供水管道、消防水池、消防水井等。(5)消防通信。消防通信主要是指有线、无线火灾报警系统和消防通信指挥系统，如 119 火警专线。根据有关规定，一级重点消防保卫单位至城市火警总调度台或者责任区消防队，应当设有有线或者无线报警装备。城市在火警调度台与城市供水、供电、供气、急救、交通、环保等部门之间，应当设有专线通信设备。(6)消防车通道和消防装备。消防车通道是指为了救火需要，在城市规划中设计的保证消防车通过的道路。消防车通道的宽度、间距和转弯半径等应当符合国家有关规定。消防装备主要包括消防车辆、消防船艇、机动泵、通信设备、防毒面具、灭火器材、灭火药剂、战斗服装等。

关联法规

《城乡规划法》第35条

第九条 【消防设计、施工的要求】建设工程的消防设计、施工必须符合国家工程建设消防技术标准。建设、设计、施工、工程监理等单位依法对建设工程的消防设计、施工质量负责。

条文注释

本条是关于建设工程消防设计、施工要求的规定。

1. 建设工程的消防设计、施工必须符合国家工程建设消防技术标准。根据《建筑法》的规定，建筑工程安全标准的内容很多，工程建设消防技术标准包含其中。建筑工程的“消防设计”，包括总平面布局和平面布置中设计消防安全的防火间距、消防车道、消防水源等；建筑防火防烟分区和建筑构造；安全疏散和消防电梯；消防给水和自动灭火系统；防烟、排烟和通风、空调系统的防火设计；消防电源及其配电；火灾应急照明、应急广播和疏散指示标志；火灾自动报警系统和消防控制室；建筑内部装修的防火设计；建筑灭火器配置等。以上有关消防的工程设计和施工，必须符合国家工程建设消防技术标准。有国家标准的，遵从国家标准；暂无国家标准而又需要在全国某个行业范围内统一的技术要求，可以制定行业标准。

2. 建设、设计、施工、工程监理等单位依法对建设工程的消防设计、施工质量负责。消防技术标准属于国家强制性标准，建设和设计单位都不得降低标准进行设计；施工单位不得降低施工质量；工程监理单位要严格按照国家标准和设计图纸，对施工质量进行客观、公正的监督。

关联法规

《建筑法》

第十条　【消防设计审查验收】对按照国家工程建设消防技术标准需要进行消防设计的建设工程，实行建设工程消防设计审查验收制度。

条文注释

本条是关于消防设计审查验收的规定。

适用消防设计审查验收制度的建设工程范围是按照国家工程建设消防技术标准需要进行消防设计的建设工程。

适用本条要注意两个问题：(1)施工图审查机构可以在审查施工图时对消防设计进行审查。(2)对消防设计审查验收制度并不是放松消防安全工作，而是针对实际情况对行政机关工作方式作出的转变，对于抽查不合格的建设工程，应当立即停止施工。

第十一条　【消防设计文件报送审查】国务院住房和城乡建设主管部门规定的特殊建设工程，建设单位应当将消防设计文件报送住房和城乡建设主管部门审查，住房和城乡建设主管部门依法对审查的结果负责。

前款规定以外的其他建设工程，建设单位申请领取施工许可证或者申请批准开工报告时应当提供满足施工需要的消防设计图纸及技术资料。

条文注释

本条是关于消防设计文件报送审查的规定。

具有下列情形之一的建设工程是特殊建设工程：(1)建筑总面积大于2万平方米的体育场馆、会堂，公共展览馆、博物馆的展示厅；

(2)建筑总面积大于1.5万平方米的民用机场航站楼、客运车站候车室、客运码头候船厅;(3)建筑总面积大于1万平方米的宾馆、饭店、商场、市场;(4)建筑总面积大于2500平方米的影剧院,公共图书馆的阅览室,营业性室内健身、休闲场馆,医院的门诊楼,大学的教学楼、图书馆、食堂,劳动密集型企业的生产加工车间,寺庙、教堂;(5)建筑总面积大于1000平方米的托儿所、幼儿园的儿童用房,儿童游乐厅等室内儿童活动场所,养老院、福利院,医院、疗养院的病房楼,中小学校的教学楼、图书馆、食堂,学校的集体宿舍,劳动密集型企业的员工集体宿舍;(6)建筑总面积大于500平方米的歌舞厅、录像厅、放映厅、卡拉OK厅、夜总会、游艺厅、桑拿浴室、网吧、酒吧,具有娱乐功能的餐馆、茶馆、咖啡厅。

除了以上所列的特殊建设工程,对具有下列情形之一的特殊建设工程,建设单位应当将消防设计文件报送住房和城乡建设主管部门审查:(1)国家机关办公楼、电力调度楼、电信楼、邮政楼、防灾指挥调度楼、广播电视楼、档案楼;(2)其他单体建筑面积大于4万平方米或者建筑高度超过50米的公共建筑;(3)国家标准规定的一类高层住宅建筑;(4)城市轨道交通、隧道工程,大型发电、变配电工程;(5)生产、储存、装卸易燃易爆危险物品的工厂、仓库和专用车站、码头,易燃易爆气体和液体的充装站、供应站、调压站。

需要注意的是,这里所讲的"建设工程",既包括建设工程的整体部分,也包括建设工程的局部;既包括新建的建设工程,也包括原有建设工程项目的改建、扩建、内部装修以及用途变更等。

第十二条　【消防设计未经审核或者消防设计不合格的法律后果】特殊建设工程未经消防设计审查或者审查不合格的,建设单位、施工单位不得施工;其他建设工程,建设单位未提供满足施工需要的消防设计图纸及技术资料的,有关部门不得发放施工许可证或者批准开工报告。

条文注释

本条是关于消防设计未经审核或者消防设计不合格的法律后

果的规定。

根据本法第11条的规定，国务院住房和城乡建设主管部门规定的特殊建设工程的消防设计须经住房和城乡建设主管部门审查，建设单位申请领取施工许可证或者申请批准开工报告时应当提供满足施工需要的消防设计图纸及技术资料。本条则区分上述建设工程，分别规定了未经审核或者消防设计不合格的法律后果。

第十三条　【消防验收、备案和抽查】国务院住房和城乡建设主管部门规定应当申请消防验收的建设工程竣工，建设单位应当向住房和城乡建设主管部门申请消防验收。

前款规定以外的其他建设工程，建设单位在验收后应当报住房和城乡建设主管部门备案，住房和城乡建设主管部门应当进行抽查。

依法应当进行消防验收的建设工程，未经消防验收或者消防验收不合格的，禁止投入使用；其他建设工程经依法抽查不合格的，应当停止使用。

条文注释

本条是关于消防验收、备案和抽查的规定。

本法第9～12条是对开始施工前和竣工前建设工程消防设计审查的规定，本条则是对建设工程竣工后的验收制度。本条区分特殊建设工程和其他建设工程，分别规定了工程竣工后的消防验收、备案和抽查制度。其中，第1款是关于消防验收的规定，第2款是关于消防验收后的备案、抽查的规定，第3款是关于未经消防验收或者消防验收不合格的法律后果的规定。

应当注意的是，根据国家工程建设消防技术标准，需要进行消防设计的建设工程，而不是所有的建设工程。有些建设工程，如小型房屋、救灾性质的临时房屋和农民自建底层住宅等，根据相关标准的规定，建设单位在验收后，应当报住房和城乡建设主管部门备案，住房和城乡建设主管部门应当进行抽查。

消防验收、备案和抽查制度适用的前提，应当是相关建设工程竣工。所谓“建设工程竣工”，是指建设工程已经按照设计要求完成施工全部任务，由建筑施工企业交付给建设单位准备投入使用的。在建设工程竣工后，建设单位要依照本条第1款的规定，应当向住房和城乡建设主管部门申请消防验收。

值得注意的是，本条第2款所规定的“验收”，不是指消防验收，而是指《建筑法》所规定的竣工验收。根据《建筑法》等法律、法规的规定，建设工程在竣工后，建设单位或者有关主管部门应当依照国家关于建设工程竣工验收制度的规定，对建设工程是否合乎设计要求和工程质量标准进行检查和考核。竣工验收，由建设单位组织设计、施工、工程监理等有关单位进行。

根据本条第3款的规定，依法应当进行消防验收的建设工程，未经消防验收或者消防验收不合格的，禁止投入使用。消防验收属于一种行政许可，根据本法和《建筑法》等法律、法规的规定，只有经消防救援机构验收合格，并且经竣工验收合格的，建设工程才可以投入使用。这里规定的“消防验收不合格”，是指进行验收后，发现该建设工程不合乎国家工程建设消防技术标准，不符合消防安全要求。验收不合格的，建设单位应当组织修复或者返工，消除火灾隐患，而不能擅自将建设工程投入使用，否则，根据本法第58条的规定，责令停止使用或者停产停业，并处3万元以上30万元以下罚款。

关联法规

《建筑法》

第十四条　【消防设计审查、消防验收、备案和抽查的具体办法】建设工程消防设计审查、消防验收、备案和抽查的具体办法，由国务院住房和城乡建设主管部门规定。

条文注释

本条是关于消防设计审查、消防验收、备案和抽查的具体办法的规定。

本法第10～13条对建设工程消防设计审查、消防验收、备案和抽查制度的基本框架作了规定，如适用范围、责任主体以及相应的法律后果等。但消防设计审查、消防设计文件审查、消防验收、竣工验收后的备案与抽查制度均涉及很多环节，包括许多具体的内容，如向消防救援机构报送有关文件和申请的具体要求，消防救援机构内部的管辖分工，上述制度的具体程序、办理要求和办理时限，有关法律文书的格式，等等。对于这些具体内容，本法不可能一一作出规定。因此，本条规定，相关制度的具体办法，由国务院住房和城乡建设主管部门规定。

第十五条　【公众聚集场所的消防安全检查】公众聚集场所投入使用、营业前消防安全检查实行告知承诺管理。公众聚集场所在投入使用、营业前，建设单位或者使用单位应当向场所所在地的县级以上地方人民政府消防救援机构申请消防安全检查，作出场所符合消防技术标准和管理规定的承诺，提交规定的材料，并对其承诺和材料的真实性负责。

消防救援机构对申请人提交的材料进行审查；申请材料齐全、符合法定形式的，应当予以许可。消防救援机构应当根据消防技术标准和管理规定，及时对作出承诺的公众聚集场所进行核查。

申请人选择不采用告知承诺方式办理的，消防救援机构应当自受理申请之日起十个工作日内，根据消防技术标准和管理规定，对该场所进行检查。经检查符合消防安全要求的，应当予以许可。

公众聚集场所未经消防救援机构许可的，不得投入使用、营业。消防安全检查的具体办法，由国务院应急管理部门制定。

条文注释

本条是关于公众聚集场所在投入使用、营业前，必须进行消防安全检查的规定。

本条第1款规定，公众聚集场所投入使用、营业前消防安全检查实行告知承诺管理。公众聚集场所在投入使用、营业前，建设单位或者使用单位应当向场所所在地的县级以上地方人民政府消防救援机构申请消防安全检查,作出场所符合消防技术标准和管理规定的承诺,提交规定的材料,并对其承诺和材料的真实性负责。根据本法第73条第3项的规定,“公众聚集场所”是指宾馆、饭店、商场、集贸市场、客运车站候车室、客运码头候船厅、民用机场航站楼、体育场馆、会堂以及公共娱乐场所等。

本条第2款是关于消防救援机构及时对作出承诺的公众聚集场所进行核查的规定。消防救援机构对申请人提交的材料进行审查;申请材料齐全、符合法定形式的,应当予以许可。同时,消防救援机构应当根据消防技术标准和管理规定,及时对作出承诺的公众聚集场所进行核查。

消防救援机构在接到建设单位或者使用单位对即将使用、营业的公众聚集场所提出的消防安全检查申请后,应当进行以下工作:第一,对申请进行初步审查,对于申请材料不齐全或者不符合法定形式的,应当当场或者在5日内告知申请人需要补正的全部内容。第二,对于受理的申请,应当自受理申请之日起10个工作日内,根据消防技术标准和管理规定,对公众聚集场所进行消防安全检查。主要内容有:(1)是否依法办理了消防审核、消防验收手续;(2)建筑设计、施工和内部装修是否符合《建筑设计防火规范》《建筑内部装修设计防火规范》等有关消防技术标准和管理的规定;(3)安全出口的数目、疏散宽度和距离,以及疏散通道是否符合有关消防技术标准和管理规定,安全出口处不得设置门槛、台阶,疏散门应向外开启,不得采用卷帘门、转门、吊门和侧拉门,门口不得设置屏风等遮挡物,不得占用、堵塞、封闭疏散通道;(4)安全出口、疏散通道、楼梯口是否设置符合标准的灯光疏散指示标志,指示标志应当设在门的顶部、疏散通道和转角处距地面1米以下的墙面上,设在走道上的指示标志的间距不得大于20米;(5)火灾自动报警系统、自动灭火系统、消火栓系统、防烟排烟系统等消防设施是否符合有关消防技术标准和管理规定,灭火器材、报警电话的设置是否规范等。

消防救援机构根据检查情况作出以下决定:(1)对于符合消防

安全要求的，作出准予行政许可的书面意见，发给同意该场所投入使用、营业的《消防安全检查意见书》，建设单位或者使用单位可以凭借该意见书向有关部门办理相关使用、营业手续；(2)对于不符合消防安全要求的，应当作出不予行政许可的书面决定，发给不同意投入使用、营业的《消防安全检查意见书》，并说明理由，告知申请人享有依法申请行政复议或者提起行政诉讼的权利。

关联法规

《建筑设计防火规范》；《建筑内部装修设计防火规范》；《高层民用建筑设计防火规范》

第十六条　【单位的消防安全职责】机关、团体、企业、事业等单位应当履行下列消防安全职责：

（一）落实消防安全责任制，制定本单位的消防安全制度、消防安全操作规程，制定灭火和应急疏散预案；

（二）按照国家标准、行业标准配置消防设施、器材，设置消防安全标志，并定期组织检验、维修，确保完好有效；

（三）对建筑消防设施每年至少进行一次全面检测，确保完好有效，检测记录应当完整准确，存档备查；

（四）保障疏散通道、安全出口、消防车通道畅通，保证防火防烟分区、防火间距符合消防技术标准；

（五）组织防火检查，及时消除火灾隐患；

（六）组织进行有针对性的消防演练；

（七）法律、法规规定的其他消防安全职责。

单位的主要负责人是本单位的消防安全责任人。

条文注释

本条是关于机关、团体、企业、事业等单位应当履行的消防安全职责的规定。

消防安全重在预防，消防安全预防又重在各单位切实承担起本单位消防安全预防的职责。本条对各单位消防安全职责的规定是对所有单位的要求,是一项普遍性的规定,是“预防为主,防消结合”方针、“单位全面负责”原则的具体落实。实践证明,只有各单位的消防安全职责清晰明了,各单位在实际工作中严格落实各项消防安全措施,才能及时消除火灾隐患,创造良好的消防安全环境。根据实际需求和总结消防安全的经验、教训,本条规定了机关、团体、企业、事业等单位应当履行的各项消防安全职责,大体包括:落实消防安全责任制,制定消防安全制度、操作规程,制定预案;配置器材,设置标志;消防设施定期检测;保障消防通道畅通,保证防火防烟分区、防火间距符合消防技术标准;组织防火检查,消除火灾隐患;组织消防演练等。此外,本条还明确规定了单位的主要责任人是本单位的消防安全责任人,对本单位的消防安全工作全面负责。

关联法规

《国务院办公厅关于印发消防安全责任制实施办法的通知》;《机关、团体、企业、事业单位消防安全管理规定》第3~6、8、10、18、21、26~29条

第十七条　【消防安全重点单位的消防安全职责】县级以上地方人民政府消防救援机构应当将发生火灾可能性较大以及发生火灾可能造成重大的人身伤亡或者财产损失的单位,确定为本行政区域内的消防安全重点单位,并由应急管理部门报本级人民政府备案。

消防安全重点单位除应当履行本法第十六条规定的职责外,还应当履行下列消防安全职责:

(一)确定消防安全管理人,组织实施本单位的消防安全管理工作;

(二)建立消防档案,确定消防安全重点部位,设置防火标志,实行严格管理;

(三)实行每日防火巡查,并建立巡查记录;

（四）对职工进行岗前消防安全培训，定期组织消防安全培训和消防演练。

条文注释

本条是关于消防安全重点单位的消防安全职责的规定。

“消防安全重点单位”，是指发生火灾可能性较大以及发生火灾后可能造成重大的人身伤亡或者财产损失的单位。根据公安部《关于实施〈机关、团体、企业、事业单位消防安全管理规定〉有关问题的通知》的规定，消防安全重点单位及界定标准主要包括：

1. 商场（市场）、宾馆（饭店）、体育场（馆）、会堂、公共娱乐场所等公众聚集场所：（1）建筑面积在1000平方米（含本数，下同）以上且经营可燃商品的商场（商店、市场）；（2）客房数在50间以上的宾馆（旅馆、饭店）；（3）公共的体育场（馆）、会堂；（4）建筑面积在200平方米以上的公共娱乐场所（“公共娱乐场所”系指公安部《公共娱乐场所消防安全管理规定》第2条所列场所）。

2. 医院、养老院和寄宿制的学校、托儿所、幼儿园：（1）住院床位在50张以上的医院；（2）老人住宿床位在50张以上的养老院；（3）学生住宿床位在100张以上的学校；（4）幼儿住宿床位在50张以上的托儿所、幼儿园。

3. 国家机关：（1）县级以上的党委、人大、政府、政协；（2）人民检察院、人民法院；（3）中央和国务院各部委；（4）共青团中央、全国总工会、全国妇联的办事机关。

4. 广播、电视和邮政、通信枢纽：（1）广播电台、电视台；（2）城镇的邮政、通信枢纽单位。

5. 客运车站、码头、民用机场：（1）候车厅、候船厅的建筑面积在500平方米以上的客运车站和客运码头；（2）民用机场。

6. 公共图书馆、展览馆、博物馆、档案馆以及具有火灾危险性的文物保护单位：（1）建筑面积在2000平方米以上的公共图书馆、展览馆；（2）公共博物馆、档案馆；（3）具有火灾危险性的县级以上文物保护单位。

7. 发电厂(站)和电网经营企业。

8. 易燃易爆化学物品的生产、充装、储存、供应、销售单位:(1)生产易燃易爆化学物品的工厂;(2)易燃易爆气体和液体的灌装站、调压站;(3)储存易燃易爆化学物品的专用仓库(堆场、储罐场所);(4)营业性汽车加油站、加气站,液化石油气供应站(换瓶站);(5)经营易燃易爆化学物品的化工商店(其界定标准,以及其他需要界定的易燃易爆化学物品性质的单位及其标准,由省级消防救援机构根据实际情况确定)。

9. 劳动密集型生产、加工企业:生产车间员工在100人以上的服装、鞋帽、玩具等劳动密集型企业。

10. 重要的科研单位:界定标准由省级消防救援机构根据实际情况确定。

11. 高层公共建筑、地下铁道、地下观光隧道,粮、棉、木材、百货等物资仓库和堆场,重点工程的施工现场:(1)高层公共建筑的办公楼(写字楼)、公寓楼等;(2)城市地下铁道、地下观光隧道等地下公共建筑和城市重要的交通隧道;(3)国家储备粮库、总储量在1万吨以上的其他粮库;(4)总储量在500吨以上的棉库;(5)总储量在1万立方米以上的木材堆场;(6)总储存价值在1000万元以上的可燃物品仓库、堆场;(7)国家和省级等重点工程的施工现场。

12. 其他发生火灾可能性较大以及一旦发生火灾可能造成人身重大伤亡或者财产重大损失的单位:界定标准由省级消防救援机构根据实际情况确定。

关联法规

《机关、团体、企业、事业单位消防安全管理规定》第13~15、25、36、39~41条

第十八条　【共用建筑物的消防安全责任】同一建筑物由两个以上单位管理或者使用的,应当明确各方的消防安全责任,并确定责任人对共用的疏散通道、安全出口、建筑消防设施

和消防车通道进行统一管理。

住宅区的物业服务企业应当对管理区域内的共用消防设施进行维护管理，提供消防安全防范服务。

条文注释

本条是关于共用建筑物的相关单位管理或使用以及住宅区的物业服务企业的消防安全责任的规定。

1. 共有建筑物的使用者或者管理者各方如何承担消防责任

(1)应当明确各方的消防安全责任，各方可以通过订立合同、协议，明确在火灾预防和扑救工作中各自应当承担的消防安全责任和义务。

(2)应当确定责任人对共用的疏散通道、安全出口、建筑消防设施和消防车通道进行统一管理，保证共用的疏散通道、安全出口、消防车通道畅通，建筑消防设施完好有效，从而有效地减少火灾发生后造成的损失。

2. 住宅区的物业服务企业该如何承担消防安全职责

(1)物业服务企业要对管理区域内的共用消防设施进行维护管理。根据《民法典》的规定，住宅区的业主可以自行管理建筑物及其附属设施，也可以委托物业服务企业或者其他管理人管理。《物业管理条例》规定，物业服务企业作为住宅区的管理单位有义务对管理区域内的共用消防设施进行维护管理，保障共用消防设施以及消防安全标志完好有效。

(2)物业服务企业有责任为住宅区的居民提供必要的消防安全防范服务，做好住宅区的消防安全工作。居民住宅区的物业管理单位应当在管理范围内，履行下列消防安全职责：制定消防安全制度，落实消防安全责任，开展消防安全宣传教育；开展防火检查，消除火灾隐患；保障疏散通道、安全出口、消防车通道畅通；保障公共消防设施、器材以及消防安全标志完好有效。其他物业管理单位应当对受委托管理范围内的公共消防安全管理工作负责。

关联法规

《物业管理条例》

第十九条 【易燃易爆危险品生产经营场所的设置要求】 生产、储存、经营易燃易爆危险品的场所不得与居住场所设置在同一建筑物内，并应当与居住场所保持安全距离。

生产、储存、经营其他物品的场所与居住场所设置在同一建筑物内的，应当符合国家工程建设消防技术标准。

条文注释

本条是关于生产、储存、经营易燃易爆危险品的场所与居住场所的设置要求的规定。

本条第1款规定与《安全生产法》第42条第1款的规定是相对一致的，《安全生产法》第42条第1款规定："生产、经营、储存、使用危险物品的车间、商店、仓库不得与员工宿舍在同一座建筑物内，并应当与员工宿舍保持安全距离。"易燃易爆危险品具有遇水、遇火或受到摩擦、撞击、震动、高热或者其他因素的作用即可引起燃烧、爆炸的化学属性，严格禁止将生产、储存、经营易燃易爆危险品的场所与居住场所设置在同一建筑物内。

在有条件的情况下，生产、储存、经营其他物品的场所应当尽量与居住场所分离，不要设置在同一建筑物内，这样有利于保障人员和财产安全；如果生产、储存、经营其他物品的场所需要与居住场所设置在同一建筑物内的，应当符合国家建设消防技术标准。需要注意的是，生产、储存、经营其他物品的一些危险场所，如果依照国家工程建设消防技术标准的规定，不能与居住场所设置在同一建筑物内的，也必须按照相应规定执行。

关联法规

《安全生产法》第42条第1款

第二十条　【大型群众性活动的消防安全】举办大型群众性活动，承办人应当依法向公安机关申请安全许可，制定灭火和应急疏散预案并组织演练，明确消防安全责任分工，确定消防安全管理人员，保持消防设施和消防器材配置齐全、完好有效，保证疏散通道、安全出口、疏散指示标志、应急照明和消防车通道符合消防技术标准和管理规定。

条文注释

本条是关于举办大型活动应当申请安全许可，落实消防安全措施的规定。

根据《大型群众性活动安全管理条例》第2条的规定，大型群众性活动，是指法人或者其他组织面向社会公众举办的每场次预计参加人数达到1000人以上的下列活动：体育比赛活动；演唱会、音乐会等文艺演出活动；展览、展销等活动；游园、灯会、庙会、花会、焰火晚会等活动；人才招聘会、现场开奖的彩票销售等活动。影剧院、音乐厅、公园、娱乐场所等在其日常业务范围内举办的活动，不属于这里规定的大型群众性活动。

大型群众性活动的承办人必须制定灭火和应急疏散预案，并组织演练，一旦发生火灾，可以按照预案扑救火灾和疏散人员，减少损失。“灭火预案”，主要是针对活动区域的具体情况，根据火灾危险性、现场环境、人员装备，在火灾发生前制订的灭火行动方案和计划。承办单位应当确定各部门各领导人的灭火责任，确定一旦发生火灾，采用何种方案灭火，由谁来组织救援、调集外部力量、调动灭火所用器材、装备，灭火应使用哪些水源，哪些人员承担灭火任务，以及灭火队伍的指挥者等。“应急疏散预案”是指在紧急情况下为保证大型群众性活动场所的人员安全撤离而事先制订的计划和方案。承办单位应当将疏散预案中的疏散任务落实到具体的人，并确定如何带领在场人员迅速脱离火灾现场，分几路疏散、疏散线路、疏散的指挥者等。

关联法规

《行政许可法》第29条；《大型群众性活动安全管理条例》第2、

3、5～8、11～15、21条；《治安管理处罚法》第38条；《机关、团体、企业、事业单位消防安全管理规定》第11条

第二十一条　【特殊场所和特种作业防火要求】禁止在具有火灾、爆炸危险的场所吸烟、使用明火。因施工等特殊情况需要使用明火作业的，应当按照规定事先办理审批手续，采取相应的消防安全措施；作业人员应当遵守消防安全规定。

进行电焊、气焊等具有火灾危险作业的人员和自动消防系统的操作人员，必须持证上岗，并遵守消防安全操作规程。

第二十二条　【危险物品生产经营单位设置的消防安全要求】生产、储存、装卸易燃易爆危险品的工厂、仓库和专用车站、码头的设置，应当符合消防技术标准。易燃易爆气体和液体的充装站、供应站、调压站，应当设置在符合消防安全要求的位置，并符合防火防爆要求。

已经设置的生产、储存、装卸易燃易爆危险品的工厂、仓库和专用车站、码头，易燃易爆气体和液体的充装站、供应站、调压站，不再符合前款规定的，地方人民政府应当组织、协调有关部门、单位限期解决，消除安全隐患。

条文注释

本法第22条是关于易燃易爆危险品生产经营单位设置的消防安全要求的规定。

“易燃易爆危险品”，是指按照《危险货物品名表》（GB 12268－2012）中所列的以燃烧爆炸为主要特征的爆炸品，主要包括：易燃固体，如硫磺；自燃物品，如黄磷、油纸、油布及其制品；遇水燃烧物品，如金属钠、铝粉；氧化剂和有机过氧化物，雷管；火药；导火索；烟花爆竹；导爆索，等等。“易燃易爆气体和液体”，主要是指供给城市生活、生产的天然气、液化石油气、人工煤气（煤制气、重油制气）等气体燃料，以及汽油、柴油等液体燃料。

易燃易爆气体和液体充装站、供应站、调压站等场站也具有两

面性：一方面具有危险性，管理不慎容易引发火灾或者爆炸事故；另一方面又是生产生活所必需。因此，其设置既要方便生产和使用，又要符合消防安全和防火防爆的要求。如根据国家标准，汽车加油加气站设计与施工规范，城市加油加气站在进行网点布局和选址定点时，首先应符合当地的城镇规划、环境保护和防火安全的要求，同时应处理好方便加油加气和不影响交通的关系。

根据第22条第2款的规定，对于此种情况，地方人民政府应当组织、协调有关部门、单位，果断采取措施，限期解决，如进行必要的技术改造、搬迁或者改为他用等，以消除安全隐患，确保安全。第22条第2款所称“有关部门、单位”，既包括生产、储存和装卸易燃易爆危险物品的部门或者单位本身，也包括他们的上级主管部门，其目的在于增强防火责任意识，明确各部门或者单位所应当遵守的法律规范，防止部门、单位之间互相推诿，逃避责任，也为执法部门执法提供相应的法律依据。

第二十三条 【易燃易爆危险品和可燃物资仓库管理】生产、储存、运输、销售、使用、销毁易燃易爆危险品，必须执行消防技术标准和管理规定。

进入生产、储存易燃易爆危险品的场所，必须执行消防安全规定。禁止非法携带易燃易爆危险品进入公共场所或者乘坐公共交通工具。

储存可燃物资仓库的管理，必须执行消防技术标准和管理规定。

关联法规

《民用爆炸物品安全管理条例》；《危险化学品安全管理条例》；《仓库防火安全管理规则》

第二十四条　【消防产品标准、强制性产品认证和技术鉴定制度】消防产品必须符合国家标准;没有国家标准的,必须符合行业标准。禁止生产、销售或者使用不合格的消防产品以及国家明令淘汰的消防产品。

依法实行强制性产品认证的消防产品,由具有法定资质的认证机构按照国家标准、行业标准的强制性要求认证合格后,方可生产、销售、使用。实行强制性产品认证的消防产品目录,由国务院产品质量监督部门会同国务院应急管理部门制定并公布。

新研制的尚未制定国家标准、行业标准的消防产品,应当按照国务院产品质量监督部门会同国务院应急管理部门规定的办法,经技术鉴定符合消防安全要求的,方可生产、销售、使用。

依照本条规定经强制性产品认证合格或者技术鉴定合格的消防产品,国务院应急管理部门应当予以公布。

关联法规

《产品质量法》第12～14条;《标准化法》第22条;《认证认可条例》第27、29、31条

第二十五条　【对消防产品质量的监督检查】产品质量监督部门、工商行政管理部门、消防救援机构应当按照各自职责加强对消防产品质量的监督检查。

关联法规

《产品质量法》第15、16、56条

第二十六条　【建筑构件、建筑材料和室内装修、装饰材料的防火要求】建筑构件、建筑材料和室内装修、装饰材料的防火性能必须符合国家标准；没有国家标准的，必须符合行业标准。

人员密集场所室内装修、装饰，应当按照消防技术标准的要求，使用不燃、难燃材料。

关联法规

《建筑材料及制品燃烧性能分级》（GB 8624－2012）；《建筑内部装修设计防火规范》（GB 50222－2017）

第二十七条　【电器产品、燃气用具产品标准及其安装、使用的消防安全要求】电器产品、燃气用具的产品标准，应当符合消防安全的要求。

电器产品、燃气用具的安装、使用及其线路、管路的设计、敷设、维护保养、检测，必须符合消防技术标准和管理规定。

条文注释

本条是关于电器产品、燃气用具产品标准及其安装、使用的消防安全的规定。

本条所指的电器产品是指接通和断开电路或控制、调节以及保护电路和设备的电工器具或装置（如开关、变阻器、镇流器等）和日常生活中用电做能源的器具（如电视机、洗衣机、电冰箱等）。燃气用具，主要是指燃气灶具，公用燃气炊事器具，燃气烘烤器具，燃气热水、开水器具等。尽管电器产品和燃气用具的质量对于消防安全有较大影响，但毕竟不属于消防产品，其产品质量属于《产品质量法》的调整范围。考虑到《消防法》的立法目的和调整范围，本法强调的是符合消防安全的要求。还需注意的是，本条不再强调对生产者规定义务，着力于某一特定产品的质量如何，而是从产品标准入手，要求产品质量监督部门在制定电器产品和燃气用具产品标准的时候，应将消防安全的要求纳入产品标准，从源头上进行控制。

第二十八条 【保护消防设施、器材,保障消防通道畅通】 任何单位、个人不得损坏、挪用或者擅自拆除、停用消防设施、器材,不得埋压、圈占、遮挡消火栓或者占用防火间距,不得占用、堵塞、封闭疏散通道、安全出口、消防车通道。人员密集场所的门窗不得设置影响逃生和灭火救援的障碍物。

条文注释

本条是关于保护消防设施、器材和保障消防通道畅通以及人员密集场所的门窗保持畅通的规定。

1. 任何单位、个人不得损坏、挪用或者擅自拆除、停用消防设施、器材。根据本法第73条第1项的规定,消防设施是指火灾自动报警系统、自动灭火系统、消火栓系统、防烟排烟系统以及应急广播和应急照明、安全疏散设施等。消防器材是指灭火器、消防车、举高车等灭火救援器材。消防设施和器材的完好有效,是及时扑灭火灾,减少生命、财产损失的重要保证,任何单位、个人不得损坏、挪用或者擅自拆除、停用消防设施、器材。对于因生产生活原因而需要拆除或者临时停用消防设施、器材的,有关单位必须事先通知当地消防救援机构,并及时另建消防设施、器材,对临时停用的消防设施、器材要及时启用。

2. 任何单位、个人不得埋压、圈占、遮挡消火栓或者占用防火间距。消火栓,是与供水管路连接,由阀门、出水口和壳体等组成的消防供水(或泡沫溶液)装置,包括室内消火栓、室外消火栓、地上消火栓、地下消火栓等。所谓防火间距,是指防止着火建筑的辐射热在一定时间内引燃相邻建筑,且便于消防扑救的间隔措施。消火栓能够确保灭火水源,防火间距能够控制火势蔓延。因此,任何单位、个人不得埋压、圈占、遮挡消火栓或者占用防火间距。

3. 任何单位、个人不得占用、堵塞、封闭疏散通道、安全出口、消防车通道,人员密集场所的门窗不得设置影响逃生和灭火救援的障碍物。

4. 违反本条规定的罚则:根据本法第60条的规定,对于单位违反本条规定的行为,责令改正,处5000元以上5万元以下罚款。经责令改正拒不改正的，强制执行，所需费用由违法行为人承担。对个人处警告或者500元以下罚款。

第二十九条 【公共消防设施的维护】负责公共消防设施维护管理的单位，应当保持消防供水、消防通信、消防车通道等公共消防设施的完好有效。在修建道路以及停电、停水、截断通信线路时有可能影响消防队灭火救援的，有关单位必须事先通知当地消防救援机构。

条文注释

本条是关于公共消防设施的维护的规定。

公共消防设施范围较广，涉及供水、供电、通信、道路等诸多方面，公共消防设施的维护管理单位也相应地涉及多个部门。《城市消防规划建设管理规定》规定，供水部门应当结合管道的扩建、改建和更新，满足消防供水的要求；小城市的电话局和大中城市的电话分局至城市火警总调度台，应当设置不少于两对的火警专线。根据上述规定，消防供水设施的维护管理单位是城市供水部门；消防通信的维护管理单位是通信部门。需要说明的是，公共消防设施的维护管理单位，是指依法负有对相应消防设施加以维护管理的职责的任何单位，既包括国家机关，也包括公用事业单位。

保持公共消防设施完好有效具体包括两个方面的内容：一是要加强公共消防设施的维护和管理，保证设施完好无损。二是公共消防设施要符合消防工作的实际需要，保证能够有效发挥作用。如消火栓的规格必须统一，消防给水的水量、水压必须充足。

需要注意的是，有关单位必须在动工前通知当地消防救援机构；有关单位在因其相应活动有可能影响消防队灭火救援的情况下，才有义务通知当地消防救援机构；本条所规定的有关单位的义务只是通知，不需要经过当地消防救援机构的批准。

关联法规

《城市消防规划建设管理规定》

第三十条 【加强农村消防工作】地方各级人民政府应当加强对农村消防工作的领导，采取措施加强公共消防设施建设，组织建立和督促落实消防安全责任制。

条文注释

本条是关于加强农村消防工作的规定。

本条在总结以往消防工作经验教训的基础上，针对农村消防工作的薄弱环节，特别强调地方各级人民政府要组织建立和督促落实农村消防工作责任制。这也是农村消防工作贯彻“预防为主，防消结合”的方针，落实“政府统一领导、部门依法监管、单位全面负责、公民积极参与”原则，建立健全社会化消防工作网络的必然要求。地方各级人民政府应当严格按照《消防法》的规定和国务院的要求，组织建立好农村消防安全责任制，并抓好监督检查，使之落到实处。

第三十一条 【重要防火时期的消防工作】在农业收获季节、森林和草原防火期间、重大节假日期间以及火灾多发季节，地方各级人民政府应当组织开展有针对性的消防宣传教育，采取防火措施，进行消防安全检查。

条文注释

本条是关于地方各级人民政府在重要防火期做好消防工作的规定。

森林和草原防火期间，是根据气候特点和森林、草原生长周期确定的，需要加强火灾预防工作的时期。《森林防火条例》规定，县级以上地方人民政府应当根据本行政区域内森林资源分布状况和森林火灾发生规律，划定森林防火区，规定森林防火期；森林防火期内，预报有高温、干旱、大风等高火险天气的，县级以上地方人民政府应当划定森林高火险区，规定森林高火险期；必要时，县级以上地方人民政府可以根据需要发布命令，严禁一切野外用火；对可能引起森林火灾的居民生活用火应当严格管理。《草原防火条例》规定，县级以上地方人民政府应当根据草原火灾发生规律，确定本行政区域的草原防火期；在草原防火期内，出现高温、干旱、大风等高火险天气时，县级以上地方人民政府应当将极高草原火险区、高草原火险区以及一旦发生草原火灾可能造成人身重大伤亡或者财产重大损失的区域划为草原防火管制区，规定管制期限。

第三十二条 【基层组织的群众性消防工作】乡镇人民政府、城市街道办事处应当指导、支持和帮助村民委员会、居民委员会开展群众性的消防工作。村民委员会、居民委员会应当确定消防安全管理人，组织制定防火安全公约，进行防火安全检查。

条文注释

本条是关于基层组织做好群众性消防工作的规定。

根据本条的规定，村委会、居委会应当做好以下消防安全工作：

（1）开展群众性消防工作。采用张贴宣传画、组织知识问答、出板报等多种形式宣传消防法律法规，普及消防知识，报道防火灭火经验和火险事故教训，组织群众进行消防演练，使群众了解防火、灭火以及自救逃生的基本常识，提高群众的防火自救能力，使群众知法守法，提高消防法律意识。

（2）确定消防安全管理人。这是消防安全责任制的重要内容，将责任落实到人，才能将制度落到实处，也便于群众有问题时能够及时得到解决。

（3）组织制定防火安全公约，做到责任落户。“防火安全公约”是村委会、居委会就防火安全制定的公约，是由村民、居民共同制定、共同遵守、相互监督的乡规民约。

（4）进行防火安全检查。检查本地区村民、居民是否有违反防火公约的情况，是否存在火险隐患，及时指出并监督其改正。

第三十三条 【火灾公众责任保险】国家鼓励、引导公众聚集场所和生产、储存、运输、销售易燃易爆危险品的企业投保火灾公众责任保险；鼓励保险公司承保火灾公众责任保险。

条文注释

本条是关于火灾公众责任保险的规定。

火灾公众责任保险属于责任保险。所谓责任保险,又称第三者责任保险,是指被保险人对第三者负损害赔偿责任时,由保险人承担其赔偿责任的一种保险。火灾公众责任保险的特点在于,投保人发生火灾造成公众人身或者财产损害,依法应当承担损害赔偿责任时,由保险人代为承担。由此可见,火灾公众责任险的重要意义,在于增强公众聚集场所等单位的赔偿能力,保证对火灾事故的受害者的赔偿责任落到实处。根据本条的规定,国家鼓励、引导投保火灾公众责任险的,主要是公众聚集场所和生产、储存、运输、销售易燃易爆危险品的企业。鼓励、引导这些经营者、管理者投保火灾公众责任险,实际上是通过社会化的防灾机制,将火灾风险由社会承担。发展火灾公众责任保险,通过市场化的风险转移机制,用商业手段解决责任赔偿等方面的法律纠纷,可以使受害企业和受害者尽快恢复正常的生产生活秩序。

第三十四条 【对消防安全技术服务的规范】消防设施维护保养检测、消防安全评估等消防技术服务机构应当符合从业条件,执业人员应当依法获得相应的资格;依照法律、行政法规、国家标准、行业标准和执业准则,接受委托提供消防技术服务,并对服务质量负责。

条文注释

本条是关于对消防安全技术服务的规范的规定。

消防技术服务机构和执业人员有责任保证其所提供的服务符合法律、法规和相关标准的要求,承担因其所提供服务的质量不符合相关要求而产生的法律责任。具体承担法律责任的形式,包括对因其不合乎要求的服务而受到损害的受害人的民事责任;因违反相关法律法规的规定而应当承担的行政违法责任;情节严重触犯刑律而应承担的刑事责任。对此,有关法律、行政法规中也都有明确规定。

《产品质量法》规定，产品质量检验机构、认证机构出具的检验结果或者证明不实，造成损失的，应当承担相应的赔偿责任。产品质量认证机构对不符合认证标准而使用认证标志的产品，未依法要求其改正或者取消其使用认证标志资格的，对因产品不符合认证标准给消费者造成的损失，与产品的生产者、销售者承担连带责任。产品质量检验机构、认证机构伪造检验结果或者出具虚假证明的，责令改正，对单位处5万元以上10万元以下的罚款，对直接负责的主管人员和其他直接责任人员处1万元以上5万元以下的罚款；有违法所得的，并处没收违法所得；情节严重的，取消其检验资格、认证资格；构成犯罪的，依法追究刑事责任。

《认证认可条例》规定，认证机构未对其认证的产品实施有效的跟踪调查，或者发现其认证的产品不能持续符合认证要求，不及时暂停或者撤销认证证书和要求其停止使用认证标志，给消费者造成损失的，与生产者、销售者承担连带责任。

本法规定，消防设施维护保养检测、消防安全评估等消防技术服务机构，不具备从业条件从事消防技术服务活动或者出具虚假文件的，由消防救援机构责令改正，处5万元以上10万元以下罚款，并对直接负责的主管人员和其他直接责任人员处1万元以上5万元以下罚款；不按照国家标准、行业标准开展消防技术服务活动的，责令改正，处5万元以下罚款，并对直接负责的主管人员和其他直接责任人员处1万元以下罚款；有违法所得的，并处没收违法所得；给他人造成损失的，依法承担赔偿责任；情节严重的，依法责令停止执业或者吊销相应资格；造成重大损失的，由相关部门吊销营业执照，并对有关责任人员采取终身市场禁入措施。前款规定的机构出具失实文件，给他人造成损失的，依法承担赔偿责任；造成重大损失的，由消防救援机构依法责令停止执业或者吊销相应资格，由相关部门吊销营业执照，并对有关责任人员采取终身市场禁入措施。

第三章 消防组织

第三十五条 【消防组织建设】各级人民政府应当加强消防组织建设，根据经济社会发展的需要，建立多种形式的消防组织，加强消防技术人才培养，增强火灾预防、扑救和应急救援的能力。

第三十六条 【政府建立消防队】县级以上地方人民政府应当按照国家规定建立国家综合性消防救援队、专职消防队，并按照国家标准配备消防装备，承担火灾扑救工作。

乡镇人民政府应当根据当地经济发展和消防工作的需要，建立专职消防队、志愿消防队，承担火灾扑救工作。

条文注释

本法第 36 条是关于地方人民政府建立消防队的具体要求的规定。

根据第 36 条第 1 款的规定，县级以上地方人民政府应当按照国家规定建立国家综合性消防救援队、专职消防队，并按照国家标准配备消防装备。县级以上地方，从经济社会发展的需要和经济负担能力出发，都有必要、有条件设立专门的消防队伍。

根据第 36 条第 2 款的规定，乡镇人民政府应当根据当地经济发展和消防工作的需要，建立专职消防队、志愿消防队。具体是建立专职还是志愿消防队，可以根据本乡镇经济社会发展的情况和消防工作的实际需要确定，法律没有作强制性要求。对于经济发展比较快，城市化程度比较高的乡镇，其人员聚集程度、建筑物密度都比较高，消防安全的需求也比较高，迫切需要加强火灾预防和扑救能力，当地财政也完全有能力负担专职的消防队。对于一些经济欠发达的乡镇，对消防安全的需求没有这么高，当地财政负担能力也没有这么强，短期内要求建立专职消防队还有一定的困难，不宜从法律上作“一刀切”的规定。但是这些乡镇人民政府也应当因地制宜，建立多种形式的志愿消防队，切实担负起防火、灭火救援的责任。

第三十七条　【应急救援职责】国家综合性消防救援队、专职消防队按照国家规定承担重大灾害事故和其他以抢救人员生命为主的应急救援工作。

第三十八条　【消防队的能力建设】国家综合性消防救援队、专职消防队应当充分发挥火灾扑救和应急救援专业力量的骨干作用；按照国家规定，组织实施专业技能训练，配备并维护保养装备器材，提高火灾扑救和应急救援的能力。

条文注释

本法第38条是关于消防队的能力建设的规定。

根据国务院《关于全面加强应急管理工作的意见》的要求，各有关部门要根据预防和处置自然灾害、事故灾难、公共卫生事件、社会安全事件等各类突发公共事件的需要，加强应急救援队伍建设。建立充分发挥国家综合性消防救援队、特警以及武警、解放军、预备役民兵的骨干作用，各专业应急救援队伍各负其责、互为补充，企业专兼职救援队伍和社会志愿者共同参与的应急救援体系。

关联法规

《消防战士基本功训练规定》

第三十九条　【建立专职消防队】下列单位应当建立单位专职消防队，承担本单位的火灾扑救工作：

（一）大型核设施单位、大型发电厂、民用机场、主要港口；

（二）生产、储存易燃易爆危险品的大型企业；

（三）储备可燃的重要物资的大型仓库、基地；

（四）第一项、第二项、第三项规定以外的火灾危险性较大、距离国家综合性消防救援队较远的其他大型企业；

（五）距离国家综合性消防救援队较远、被列为全国重点文物保护单位的古建筑群的管理单位。

条文注释

本条是关于哪些单位应当建立专职消防队,以及专职消防队职责的规定。

1.“核设施”,是指核动力厂(核电厂、核热电厂、核供气供热厂等)和其他反应堆(研究堆、实验堆、临界装置等);核燃料生产、加工、贮存和后处理设施;放射性废物的处理和处置设施等。

2.“大型发电厂”,例如,火力发电厂单机容量30万千瓦以上或规划容量80万千瓦以上的;水电站装机容量30万千瓦以上或水库总容积1亿立方米以上的为重要电力设施。

3.“民用机场”的范围根据《民用航空法》的规定,包括专供民用航空器起飞、降落、滑行、停放以及进行其他活动使用的划定区域,包括附属的建筑物、装置和设施,但不包括临时机场。

4.“主要港口”,是指地理位置重要、吞吐量较大、对经济发展影响较广的港口。主要港口名录由国务院交通主管部门征求国务院有关部门意见后确定公布。

5.“生产、储存易燃易爆危险品的大型企业”中的危险品,主要包括爆炸品、压缩气体和液化气体、易燃液体、易燃固体、自燃物品和遇湿易燃品等。

6.“储备可燃的重要物资的大型仓库、基地”中的“可燃的重要物资”,主要是指粮食、棉花、石油、煤炭、药品等具有可燃性的重要物资。

7. 本条第4项规定的企业,主要是指纺织、造纸、烟草、集贸市场等生产、经营、储存易燃物品,人员聚集,火灾危害较大,又距离国家综合性消防救援队较远的企业。如果火灾发生时,附近国家综合性消防救援队能及时赶到的范围之内的其他大型企业就不必设立专职消防队。

8.“距离国家综合性消防救援队较远、被列为全国重点文物保护单位的古建筑群的管理单位”中的“古建筑群”,是指在某一地域比较集中的若干古建筑物,而不是某一单一的古建筑物。同时,该“古建筑群”还必须被列为全国重点文物保护单位。到2019年年底,国务院已经核定并公布了8批全国重点文物保护单位,其中有具体被列为全国重点文物保护单位的古建筑群名单。需要注意的是,如果该古建筑群距离国家综合性消防救援队不远,一旦发生火灾国家综合性消防救援队能够及时赶到的,不必设立专职消防队。

9. 根据本条的规定,单位专职消防队主要承担本单位的火灾扑救工作。根据《消防法》的有关规定,单位专职消防队除承担本单位的火灾扑救任务外,还有义务对发生火灾的临近单位给予支援。

第四十条 【专职消防队的验收及队员福利待遇】专职消防队的建立,应当符合国家有关规定,并报当地消防救援机构验收。

专职消防队的队员依法享受社会保险和福利待遇。

条文注释

本条是关于专职消防队的建立条件,以及专职消防队队员福利待遇的规定。

消防救援机构对专职消防队的验收,不仅能对专职消防队的建立是否符合国家规定的条件进一步把关,同时还有利于消防救援机构了解本地区的专职消防队情况,便于对其进行日常的监督指导,在发生火灾时有效调度其参加扑救。“当地消防救援机构”是指建立专职消防队的地方政府或者单位所在地的消防救援机构,而不再设立级别上的限制。

专职消防队队员主要由建队单位雇用符合条件的人员担任,队员与单位之间存在劳动合同关系。根据《劳动合同法》的规定,社会保险是劳动合同必备条款。社会保险一般包括:医疗保险、养老保险、失业保险、工伤保险和生育保险。《劳动合同法》还规定,劳动者和用人单位可以约定福利待遇等其他事项。

关联法规

《公安消防岗位资格制度规定》;《广东省专职消防队建设管理规定》

第四十一条 【群众性消防组织】机关、团体、企业、事业等单位以及村民委员会、居民委员会根据需要，建立志愿消防队等多种形式的消防组织，开展群众性自防自救工作。

条文注释

本条是关于群众性消防组织建立的规定。

群众性消防组织主要负责本单位的自防自救工作，主要包括：本单位的消防安全教育、培训；防火巡查、检查；安全疏散设施管理；消防值班；消防设施、器材维护管理和火灾隐患整改；用火、用电安全管理；易燃易爆危险物品和场所防火防爆；燃气和电气设备的检查和管理，以及其他必要的消防安全工作。群众性消防组织还应当定期进行教育训练，熟练掌握防火、灭火知识和消防器材的使用方法，做到能进行防火检查、扑救火灾和协助国家综合性消防救援队、专职消防队扑救火灾。以上这些工作所需的经费和队员补贴，由各所在单位负责解决。

第四十二条 【消防救援机构与专职消防队、志愿消防队等消防组织的关系】消防救援机构应当对专职消防队、志愿消防队等消防组织进行业务指导；根据扑救火灾的需要，可以调动指挥专职消防队参加火灾扑救工作。

条文注释

本条是关于消防救援机构与专职消防队、志愿消防队等消防组织的关系的规定。

本条规定的“业务指导”，主要包括在消防检查、火灾预防、消防器材管理、火灾扑救等方面的工作指导。具体而言，消防救援机构应当督促专职消防队、志愿消防队建立健全各项规章制度，开展消防业务训练，组织联合演练，提高防火、灭火水平。各专职、志愿消防队应当认真接受指导，努力提高业务能力。

根据本条的规定，根据扑救火灾的需要，可以调动指挥专职消防队参加火灾扑救工作。国家综合性消防救援队在火灾扑救过程中发挥着骨干作用，有专职消防队的企业、事业单位发生火灾，国家综合性消防救援队参战时，应当由国家综合性消防救援队实施统一指挥。

第四章　灭火救援

第四十三条　【火灾应急预案、应急反应和处置机制】县级以上地方人民政府应当组织有关部门针对本行政区域内的火灾特点制定应急预案，建立应急反应和处置机制，为火灾扑救和应急救援工作提供人员、装备等保障。

条文注释

本条是关于县级以上地方人民政府应当制定火灾应急预案以及建立火灾应急反应和处置机制的规定。

一般来说，一份完整的火灾应急预案应当包括以下内容：

(1)总则，包括应急预案制定的指导思想、工作原则、编制目的、编制依据、事故分级、适用范围等；

(2)应急组织体系与职责，包括灭火指挥体系有关部门的职责；

(3)预测预警，包括预警级别、预警发布和解除、预警响应；

(4)应急响应，包括基本响应、分级响应、扩大应急、响应结束；

(5)信息报告与发布；

(6)后期处置，包括善后恢复、调查评估等；

(7)应急保障，包括资金保障、装备保障、技术保障、队伍保障、医疗卫生保障、交通保障、通信保障；

(8)宣传教育、培训和演练。

根据《突发事件应对法》的相关规定，县级以上地方各级人民政府，应当根据火灾的大小和可能造成的危害，启动应急预案，采取调集救援队伍、救援物资、设备、工具，加强对重点单位、重点部位和重要基础设施的安全保卫，维护社会治安秩序等应急措施；确保交通、通信、供水、排水、供电、供气、供热等公共设施的安全和正常运行；转移、疏散或者撤离易受危害人员并予以妥善安置，转移重要财产。

第四十四条　【火灾报警；现场疏散、扑救；消防队接警出动】任何人发现火灾都应当立即报警。任何单位、个人都应当无偿为报警提供便利，不得阻拦报警。严禁谎报火警。

人员密集场所发生火灾，该场所的现场工作人员应当立即组织、引导在场人员疏散。

任何单位发生火灾，必须立即组织力量扑救。邻近单位应当给予支援。

消防队接到火警，必须立即赶赴火灾现场，救助遇险人员，排除险情，扑灭火灾。

条文注释

本条第1款是关于任何人发现火灾都应当立即报警的规定。火灾发生时，及时报警是及时扑灭火灾的前提，本法在第5条就明确规定，任何单位和个人都有报告火警的义务。这里所说的“任何人”，既包括单位消防工作人员，也包括发现火灾的其他人。

“立即报警”是指直接地或者运用最有效、最便捷的通信工具向消防机关或者有关部门报告。为了保证火灾发生后，公民能将火灾情况及时向消防部门报告，我国将“119”作为报警专用电话号码，并做了广泛宣传。接受报警的消防救援机构必须准确受理报警，问清失火单位的名称、地址、燃烧物性质、有无被困人员和爆炸、毒气泄漏，火势情况，报警人的姓名、电话等。

任何单位、个人都应当无偿为报警提供便利，不得阻拦报警。“无偿为报警提供便利”是指为报警人提供报警所需要的通信、交通或者其他便利，不得收取费用或者索要报酬。“不得阻拦报警”，是指对报警人的报警行为，不能以任何理由加以阻止，设置障碍。《消防法》第64条第3项对阻拦火灾报警的行为规定了法律责任：在火灾发生后阻拦报警的，处10日以上15日以下拘留，可以并处500元以下罚款;情节较轻的,处警告或者500元以下罚款。

严禁谎报火警,不得故意向有关部门报告虚构事实的火灾。例如,行为人为了引起社会秩序混乱,出于恶作剧或者为了报复陷害他人,谎报火警的行为。如果行为人不是故意谎报,而是由于某种原因错报火警的,不属于谎报火警。《消防法》第62条规定,谎报火警的,依照《治安管理处罚法》的规定处罚。

根据本条第4款的规定,消防队到达现场后,在立即组织火情侦察,部署主要灭火力量后,应当主要担负起以下任务:

1. 救助遇险人员。在火灾扑救中,要坚持"救人第一"的指导思想。当火场有人员受到火势威胁时,必须首先抢救被困人员,并注意以下几点:(1)充分利用建筑物内外的安全出口、疏散楼梯、门窗、避难层等和现场的举高车辆、消防梯以及其他一切可以利用的救生器材进行施救;(2)采取排烟、防毒、射水等措施,减少烟雾、毒气、火势对被困人员的威胁;(3)稳定被困人员的情绪,防止跳楼或者因拥挤踩踏造成人员伤亡;(4)进入燃烧区抢救被困人员时,应当仔细搜索各个部位,做好记录,防止遗漏;(5)对被救者采取防毒保护措施,对在救助过程中和已抢救疏散出的危重伤员应当由具备急救资质的人员进行现场急救,对遇难人员也应当及时搜寻、妥善保护。

2. 排除险情,扑灭火灾。在扑灭火灾过程中应当积极疏散和保护物资,努力减少损失。需要注意的是:(1)遇有易燃易爆物品或者贵重仪器设备、档案资料以及珍贵文物受到火势威胁时,应当首先予以疏散;受到火势威胁的物资和妨碍救人灭火的物资也应当予以疏散。(2)对难以疏散的物资,应当采取冷却或者使用不燃、难燃材料遮盖等措施加以保护。(3)疏散物资应当在指挥员的统一指挥和起火单位负责人、工程技术人员的配合下,根据轻重缓急有组织地进行。(4)从火场抢救出来的物资应当指定放置地点,指派专人看护,严格检查,防止夹带火种引起燃烧,并及时清点和移交。

第四十五条 【组织火灾现场扑救及火灾现场总指挥的权限】消防救援机构统一组织和指挥火灾现场扑救,应当优先保障遇险人员的生命安全。

火灾现场总指挥根据扑救火灾的需要,有权决定下列事项:

(一)使用各种水源;

(二)截断电力、可燃气体和可燃液体的输送,限制用火用电;

(三)划定警戒区,实行局部交通管制;

(四)利用临近建筑物和有关设施;

(五)为了抢救人员和重要物资,防止火势蔓延,拆除或者破损毗邻火灾现场的建筑物、构筑物或者设施等;

(六)调动供水、供电、供气、通信、医疗救护、交通运输、环境保护等有关单位协助灭火救援。

根据扑救火灾的紧急需要,有关地方人民政府应当组织人员、调集所需物资支援灭火。

条文注释

本条第2款对火场总指挥的指挥权限作了规定,包括下列事项:

(1)使用各种水源,包括城镇集中式供水系统用水、各单位自备水源、消防蓄水池、各种自然或者专用水塘等水源。在灭火过程中,合理用水,减少水渍损失。

(2)截断电力、可燃气体和可燃液体的输送,限制用火用电。

(3)划定警戒区,实行局部交通管制。

(4)利用临近建筑物和有关设施。一些灭火方法不可避免地需要利用临近建筑物和有关设施,如登高喷射等,临近建筑物和有关设施的所有人、管理者应当积极予以配合。

(5)为了抢救人员和重要物资,防止火势蔓延,拆除或者破损毗邻火灾现场的建筑物、构筑物或者设施等。应当注意的是,拆除或者破损毗邻火灾现场的建筑物、构筑物或者设施的前提必须是为了抢救人员和重要物资，防止火势蔓延。譬如，燃烧的建筑物，有倒塌的危险，直接威胁人身安全，妨碍灭火战斗行动，可以对其进行破拆；当燃烧的建筑物内部聚集大量烟雾时，选择不会引起爆燃和助燃的时机和部位进行破拆，以排除有毒气体和烟雾，改变火势蔓延和烟雾流动方向；火势燃烧猛烈难以控制时，在火势蔓延的主要方向及两侧拆除可燃物，开辟隔离带，阻截火势蔓延。为查明火源和燃烧的范围，以及抢救人员和疏散重要物资需要开辟通道时，可以对毗邻火灾现场的建（构）筑物、设施进行破拆。在破拆建（构）筑物时，应当注意承重构件，防止因误拆造成建（构）筑物倒塌；在有管道设备的建（构）筑物内部破拆时，应当注意保护管道，防止因管道损坏造成易燃可燃液体、气体以及毒害物质泄漏；在破拆建（构）筑物和设施过程中，应当划出安全警戒区，设置安全警戒哨，并采取必要的保护措施。

（6）调动供水、供电、供气、通信、医疗救护、交通运输、环境保护等有关单位协助灭火救援。被调动的单位有义务积极予以协助。

关联法规

《公安消防部队执勤战斗条令》

第四十六条　【重大灾害事故应急救援实行统一领导】国家综合性消防救援队、专职消防队参加火灾以外的其他重大灾害事故的应急救援工作，由县级以上人民政府统一领导。

条文注释

本条是关于重大灾害事故应急救援实行统一领导的规定。

本条规定的"火灾以外的其他重大灾害事故"，是指火灾以外的一些重大的灾害和各类重大事故。其中，重大灾害包括地震、洪涝、山体滑坡、矿窑坍塌、飓风等造成的灾害；各类重大事故包括房屋坍塌、交通事故、列车出轨、矿窑爆炸事故等。消防部队参加火灾以外的其他灾害事故抢险救援的各项勤务活动主要包括：参加以抢救人员生命为主的危险化学品泄漏、道路交通事故、地震及其次生灾害、建筑坍塌、重大安全生产事故、空难、爆炸及恐怖事件和群众遇险事件的救援工作，并参与配合处置水旱灾害、气象灾害、地质灾害等自然灾害，矿山、水上事故、重大环境污染、核与辐射事故和突发公共卫生事件。需要注意的是，考虑到消防队伍的装备和人员素质的特点，本条规定的国家综合性消防救援队和专职消防队参加火灾以外的其他重大灾害事故的应急救援工作时，主要还是进行以抢救人员生命为主的应急救援工作。

需要说明的是，本条规定的国家综合性消防救援队、专职消防队参加火灾以外的其他重大灾害事故的应急救援工作，由县级以上人民政府统一领导，并不包括在遇到非重大灾害和事故，如人民群众求助于消防人员帮助解决的情况，如有群众将钥匙锁在家里，有的人站在高处以自杀相威胁，有的人被卡在转门里，被困在电梯里等，如不及时采取施救措施，将会给人民群众造成损失。在这种情况下，无须再由人民政府出面统一领导，而由消防人员及时赶赴现场进行施救即可。

第四十七条　【消防交通优先】消防车、消防艇前往执行火灾扑救或者应急救援任务，在确保安全的前提下，不受行驶速度、行驶路线、行驶方向和指挥信号的限制，其他车辆、船舶以及行人应当让行，不得穿插超越；收费公路、桥梁免收车辆通行费。交通管理指挥人员应当保证消防车、消防艇迅速通行。

赶赴火灾现场或者应急救援现场的消防人员和调集的消防装备、物资，需要铁路、水路或者航空运输的，有关单位应当优先运输。

条文注释

本条是关于消防交通工具优先通行权的规定。

1. 消防交通工具在一定范围内可以突破交通管理法规的规定。消防车、消防艇前往执行火灾扑救或者应急救援任务，在确保安全的前提下，不受行驶速度、行驶路线、行驶方向和指挥信号的限制，其他车辆、船舶以及行人应当让行，不得穿插超越。“不受行驶速度的限制”，是指不受交通道路上的限速标志的限制；“不受行驶路线的限制”，是指消防车为了及时赶赴救灾现场，可以在快车道、慢车道、非机动车道、人行道上行驶而不受限制；“不受行驶方向的限制”，是指消防车、消防艇为了执行任务，可以逆向行驶，也可以不受道路和水路的行驶方向标志的限制掉头或者转向行驶；“不受指挥信号的限制”，是指消防车可以不受任何交通信号的限制而行驶。在消防车、消防艇赶赴火灾现场的途中，其他车辆、船舶、行人应当及时让行，不得穿插超越。需要注意的是，消防车、消防艇享有交通优先通行权的前提是，确保安全。

2. 消防车、消防艇在赶赴救灾现场途中，免收车辆通行费。

3. 交通管理指挥人员应当保证消防车、消防艇迅速通行。在遇有执行抢险救援任务的消防车、消防艇通过时，特别是在道路和水路拥堵、交通不畅的情况下，在现场的有关交通管理指挥人员应当立即采取有效措施，指挥和引导消防车、消防艇迅速通过，确保不因交通堵塞而影响他们执行救灾任务。

4. 赶赴火灾现场或者应急救援现场的消防人员和调集的消防装备、物资，需要铁路、水路或者航空运输的，有关单位应当优先运输。“有关单位”是指具体的铁路、水路或者航空运输的管理部门以及担负运输任务的企业等。这些单位在遇有需要赶赴火灾现场或者应急救援现场的消防人员、调集的消防装备物资需要紧急装车运输的，应当立即采取措施优先安排登机或者装车运输，确保有关人员和物资及时到达救灾现场。

第四十八条　【消防设施、器材严禁挪作他用】消防车、消防艇以及消防器材、装备和设施，不得用于与消防和应急救援工作无关的事项。

第四十九条　【扑救火灾、应急救援免收费用】国家综合性消防救援队、专职消防队扑救火灾、应急救援，不得收取任何费用。

单位专职消防队、志愿消防队参加扑救外单位火灾所损耗的燃料、灭火剂和器材、装备等，由火灾发生地的人民政府给予补偿。

第五十条 【医疗、抚恤】对因参加扑救火灾或者应急救援受伤、致残或者死亡的人员，按照国家有关规定给予医疗、抚恤。

关联法规

《伤残抚恤管理办法》第2条；《工伤保险条例》

第五十一条 【火灾事故调查】消防救援机构有权根据需要封闭火灾现场，负责调查火灾原因，统计火灾损失。

火灾扑灭后，发生火灾的单位和相关人员应当按照消防救援机构的要求保护现场，接受事故调查，如实提供与火灾有关的情况。

消防救援机构根据火灾现场勘验、调查情况和有关的检验、鉴定意见，及时制作火灾事故认定书，作为处理火灾事故的证据。

条文注释

本条是关于火灾事故调查的规定。

火灾事故发生后，抢救火灾是为了减少损失；对火灾事故的调查则是为了查明发生火灾事故的原因，纠正消防安全方面存在的问题，追究有关责任人员的法律责任。有的火灾事故调查取证结果，将成为故意纵火刑事案件的重要证据。

需要注意的是，赋予消防救援机构对火灾现场采取封闭措施的权力，是为了方便对火灾事故原因的调查，因此现场的封闭范围的划分应当力求做到既严谨准确，又要适当，避免滥用权力，随意扩大火灾现场的封闭范围，影响群众的交通和日常生活秩序。

关联法规

《火灾事故调查规定》

第五章　监督检查

第五十二条　【人民政府的监督检查】地方各级人民政府应当落实消防工作责任制，对本级人民政府有关部门履行消防安全职责的情况进行监督检查。

县级以上地方人民政府有关部门应当根据本系统的特点，有针对性地开展消防安全检查，及时督促整改火灾隐患。

条文注释

本条是关于地方各级人民政府对落实消防工作责任制监督检查的规定。

地方各级人民政府应当在落实消防工作责任制方面率先垂范，同时，对本级政府有关部门履行消防安全职责的情况进行监督检查，并要作为一项制度来抓。落实消防安全责任制，主要有以下几个方面的内容：

(1)明确负责消防安全工作的责任人。要在每个单位、部门落实到具体的人员来负责做好消防安全工作。

(2)建立健全消防安全制度。消防安全制度要全面详细，并结合本单位的实际情况和消防安全工作的特点，有针对性。

(3)抓落实。要定期对消防安全工作制度的落实情况进行监督检查，及时纠正违反消防安全制度的行为和问题。抓落实要具体，要定期安排进行局部或整体的消防安全方面的演习或测试。

第五十三条 【消防救援机构的监督检查】消防救援机构应当对机关、团体、企业、事业等单位遵守消防法律、法规的情况依法进行监督检查。公安派出所可以负责日常消防监督检查、开展消防宣传教育，具体办法由国务院公安部门规定。

消防救援机构、公安派出所的工作人员进行消防监督检查，应当出示证件。

条文注释

本条是关于消防救援机构监督检查职责，以及监督检查的程序性规定。

消防法律法规对消防安全工作作了各项具体规定，是开展消防安全工作具体内容的法律依据。其中，许多规范的内容具有强制性，这些强制性规范是做好消防安全工作的关键所在。由于实施这些规范需要一定的时间和经济成本，仅仅凭单位自觉遵守有时难以做到，因此，本条赋予了消防救援机构对机关、团体、企业、事业等单位遵守消防法律、法规的情况依法进行监督检查的职责。公安部的《消防监督检查规定》，对消防监督检查的基本原则、检查的形式和内容、检查的程序等作了明确具体的规定，为应急管理部门进行消防检查提供了明确依据和指引。

关联法规

《消防监督检查规定》第9～14、30～34、36条

第五十四条 【消除火灾隐患】消防救援机构在消防监督检查中发现火灾隐患的，应当通知有关单位或者个人立即采取措施消除隐患；不及时消除隐患可能严重威胁公共安全的，消防救援机构应当依照规定对危险部位或者场所采取临时查封措施。

条文注释

本条是关于消防救援机构在监督检查中发现火灾隐患时的处

理措施的规定。

“火灾隐患”是指明显存在的或者潜在的可能引起火灾的各种成因和情况,包括人为的和物质成因。火灾发生有两个要件:可燃烧物的存在和引发燃烧的火源。消防救援机构在消防监督检查时,主要就是检查这两者的关系是否存在并构成火灾隐患。消防救援机构在消防监督检查中发现火灾隐患的,首先应当通知有关单位或者个人立即采取措施消除隐患。如果不及时消除隐患可能严重威胁公共安全的,消防救援机构应当依照规定对危险部位或者场所采取临时查封措施。

关联法规

《消防监督检查规定》第22、38条

第五十五条 【重大火灾隐患的发现及处理】消防救援机构在消防监督检查中发现城乡消防安全布局、公共消防设施不符合消防安全要求,或者发现本地区存在影响公共安全的重大火灾隐患的,应当由应急管理部门书面报告本级人民政府。

接到报告的人民政府应当及时核实情况,组织或者责成有关部门、单位采取措施,予以整改。

第五十六条 【相关部门及其工作人员应当遵循的执法原则】住房和城乡建设主管部门、消防救援机构及其工作人员应当按照法定的职权和程序进行消防设计审查、消防验收、备案抽查和消防安全检查,做到公正、严格、文明、高效。

住房和城乡建设主管部门、消防救援机构及其工作人员进行消防设计审查、消防验收、备案抽查和消防安全检查等,不得收取费用,不得利用职务谋取利益;不得利用职务为用户、建设单位指定或者变相指定消防产品的品牌、销售单位或者消防技术服务机构、消防设施施工单位。

第五十七条 【社会和公民监督】住房和城乡建设主管部

门、消防救援机构及其工作人员执行职务,应当自觉接受社会和公民的监督。

任何单位和个人都有权对住房和城乡建设主管部门、消防救援机构及其工作人员在执法中的违法行为进行检举、控告。收到检举、控告的机关,应当按照职责及时查处。

条文注释

本法第57条是关于住房和城乡建设主管部门、消防救援机构及其工作人员执行职务应当接受社会和公民监督的规定。

社会和公民监督是法律监督的重要组成部分。社会监督按照主体不同,分为社会组织监督、社会舆论监督和公民直接监督。本法第57条所称的社会监督,是指由各类社会组织依法对住房和城乡建设主管部门、消防救援机构及其工作人员有关消防安全监督管理行为的合法性、合理性所进行的监督。其中,舆论监督比较常见,是指人民群众通过报纸、刊物、广播、电视、网络等媒体对住房和城乡建设主管部门、消防救援机构可能存在的问题予以报道、反映、揭露和批评。公民监督是指公民通过投诉、信访、举报、检举、复议、控告、申诉等形式对住房和城乡建设主管部门、消防救援机构可能存在的问题予以反映、揭露和批评。第57条规定的住房和城乡建设主管部门、消防救援机构及其工作人员执行职务应当自觉接受监督,是一种义务性规定,相关机构和人员应当虚心接受监督,有则改之,无则加勉,有针对性地改进工作,纠正错误。对于违法违纪行为的检举、控告,应当及时查处。

关联法规

《消防监督检查规定》第35~37条

第六章　法律责任

第五十八条　【对不符合消防设计审核、消防验收、消防安全检查要求等行为的处罚】违反本法规定，有下列行为之一的，由住房和城乡建设主管部门、消防救援机构按照各自职权责令停止施工、停止使用或者停产停业，并处三万元以上三十万元以下罚款：

（一）依法应当进行消防设计审查的建设工程，未经依法审查或者审查不合格，擅自施工的；

（二）依法应当进行消防验收的建设工程，未经消防验收或者消防验收不合格，擅自投入使用的；

（三）本法第十三条规定的其他建设工程验收后经依法抽查不合格，不停止使用的；

（四）公众聚集场所未经消防救援机构许可，擅自投入使用、营业的，或者经核查发现场所使用、营业情况与承诺内容不符的。

核查发现公众聚集场所使用、营业情况与承诺内容不符，经责令限期改正，逾期不整改或者整改后仍达不到要求的，依法撤销相应许可。

建设单位未依照本法规定在验收后报住房和城乡建设主管部门备案的，由住房和城乡建设主管部门责令改正，处五千元以下罚款。

条文注释

本条是关于对不符合消防设计审核、消防验收、消防安全检查要求等行为的处罚的规定。

适合本条罚则的行为包括以下四种：

1. 依法应当进行消防设计审查的建设工程，未经依法审查或者审查不合格，擅自施工的。这是对违反本法第11、12条的要求，应当承担法律责任的情形所作的规定。根据本法第11、12条的规定，国务院住房和城乡建设主管部门规定的特殊建设工程，建设单位应当将消防设计文件报送住房和城乡建设主管部门审查，住房和城乡建设主管部门依法对审查的结果负责。其他建设工程、建设单位申请领取施工许可证或者申请批准开工报告时应当提供满足施工需要的消防设计图纸及技术资料。特殊建设工程未经消防设计审查或者审查不合格的，建设单位、施工单位不得施工；其他建设工程，建设单位未提供满足施工需要的消防设计图纸及技术资料的，有关部门不得发放施工许可证或者批准开工报告。

2. 依法应当进行消防验收的建设工程，未经消防验收或者消防验收不合格，擅自投入使用的。这是违反本法第13条第3款前半段规定的行为。依法应当进行消防验收的建设工程，未经消防验收或者消防验收不合格的，禁止投入使用。

3. 本法第13条规定的其他建设工程验收后经依法抽查不合格，不停止使用的。这是违反本法第13条第3款后半段的行为，即按照国家工程建设消防技术标准需要进行消防设计的建设工程竣工，如果属于本法第11条规定的建设工程以外的其他建设工程的，建设单位申请领取施工许可证或者申请批准开工报告时应当提供满足施工需要的消防设计图纸及技术资料。

4. 公众聚集场所未经消防救援机构许可，擅自投入使用、营业的，或者经核查发现场所使用、营业情况与承诺内容不符的。这是违反本法第15条的行为。根据本法第15条的规定，公众聚集场所投入使用、营业前消防安全检查实行告知承诺管理。公众聚集场所在投入使用、营业前，建设单位或者使用单位应当向场所所在地的县级以上地方人民政府消防救援机构申请消防安全检查，作出场所符合消防技术标准和管理规定的承诺，提交规定的材料，并对其承诺和材料的真实性负责。公众聚集场所未经消防救援机构许可的，不得投入使用、营业。有些公众聚集场所由于市场变化，变换了其使用功能和经营内容，如由商场变更为歌舞厅，也必须进行消防安全检查，检查合格后，方可使用或者开始营业。

第五十九条　【对不按消防技术标准设计、施工的行为的处罚】违反本法规定，有下列行为之一的，由住房和城乡建设主管部门责令改正或者停止施工，并处一万元以上十万元以下罚款：

（一）建设单位要求建筑设计单位或者建筑施工企业降低消防技术标准设计、施工的；

（二）建筑设计单位不按照消防技术标准强制性要求进行消防设计的；

（三）建筑施工企业不按照消防设计文件和消防技术标准施工，降低消防施工质量的；

（四）工程监理单位与建设单位或者建筑施工企业串通，弄虚作假，降低消防施工质量的。

关联法规

《建筑法》第32、37、54、58条

第六十条　【对违背消防安全职责行为的处罚】单位违反本法规定，有下列行为之一的，责令改正，处五千元以上五万元以下罚款：

（一）消防设施、器材或者消防安全标志的配置、设置不符合国家标准、行业标准，或者未保持完好有效的；

（二）损坏、挪用或者擅自拆除、停用消防设施、器材的；

（三）占用、堵塞、封闭疏散通道、安全出口或者有其他妨碍安全疏散行为的；

（四）埋压、圈占、遮挡消火栓或者占用防火间距的；

（五）占用、堵塞、封闭消防车通道，妨碍消防车通行的；

（六）人员密集场所在门窗上设置影响逃生和灭火救援的障碍物的；

（七）对火灾隐患经消防救援机构通知后不及时采取措施消除的。

个人有前款第二项、第三项、第四项、第五项行为之一的，处警告或者五百元以下罚款。

有本条第一款第三项、第四项、第五项、第六项行为，经责令改正拒不改正的，强制执行，所需费用由违法行为人承担。

条文注释

本条是关于对违背消防安全职责行为的处罚的规定。

本条第 2 款是对个人实施的违反消防安全义务行为予以处罚的规定。具体包括损坏、挪用或者擅自拆除、停用消防设施、器材；占用、堵塞、封闭疏散通道、安全出口或者有其他妨碍安全疏散行为；埋压、圈占、遮挡消火栓或者占用防火间距；占用、堵塞、封闭消防车通道，妨碍消防车通行。个人有上述行为的，处警告或者 500 元以下罚款。

本条第 3 款是对违反消防安全职责、义务且拒不改正的，予以强制执行的规定。这里的“强制执行”，是指消防救援机构对不履行其作出的生效行政决定，以及拒不履行有关消防安全义务的单位和个人，依其职权或者申请人民法院强制相对人履行义务或达到与履行义务相同状态的行政行为。强制执行不一定由相对人具体实施相关行为，也可以通过其他人的行为，只要能达到与履行义务相同的状态即可。对于后一种方式进行的强制执行，可能会产生一定的费用，根据本款的规定，对拒不履行消防安全义务的行为，经责令改正拒不改正而予以强制执行的，所产生的费用由违法行为人承担。

第六十一条　【对易燃易爆危险品生产经营场所设置不符合规定的处罚】生产、储存、经营易燃易爆危险品的场所与居住场所设置在同一建筑物内，或者未与居住场所保持安全距离的，责令停产停业，并处五千元以上五万元以下罚款。

生产、储存、经营其他物品的场所与居住场所设置在同一建筑物内，不符合消防技术标准的，依照前款规定处罚。

第六十二条　【对涉及消防的违反治安管理行为的处罚】有下列行为之一的，依照《中华人民共和国治安管理处罚法》的规定处罚：

（一）违反有关消防技术标准和管理规定生产、储存、运输、销售、使用、销毁易燃易爆危险品的；

（二）非法携带易燃易爆危险品进入公共场所或者乘坐公共交通工具的；

（三）谎报火警的；

（四）阻碍消防车、消防艇执行任务的；

（五）阻碍消防救援机构的工作人员依法执行职务的。

条文注释

本法第62条是关于对涉及消防的一些违反治安管理的行为如何处罚的规定。

《治安管理处罚法》第25条第1项、第30条、第50条第1款第3项将违反《消防法》的有关行为规定为违反治安管理的行为，并设置了治安管理处罚。本法第62条规定的违法行为，既是违反消防法律法规、危害消防安全的行为，又是《治安管理处罚法》有明确规定的违反治安管理的行为。《治安管理处罚法》对于本条涉及的行为，有的是单独规定，有的是根据违反治安管理行为的种类和逻辑顺序，与其他违反治安管理的行为共同规定。第62条共分5项，规定了5种涉及消防的违反治安管理的行为。

关联法规

《治安管理处罚法》第25、30、50条

第六十三条 【对违反危险场所消防管理规定行为的处罚】违反本法规定,有下列行为之一的,处警告或者五百元以下罚款;情节严重的,处五日以下拘留:

(一)违反消防安全规定进入生产、储存易燃易爆危险品场所的;

(二)违反规定使用明火作业或者在具有火灾、爆炸危险的场所吸烟、使用明火的。

关联法规

《铁路消防管理办法》;《仓库防火安全管理规则》第27~30条;《机关、团体、企业、事业单位消防安全管理规定》第20条

第六十四条 【对过失引起火灾、阻拦报火警等行为的处罚】违反本法规定,有下列行为之一,尚不构成犯罪的,处十日以上十五日以下拘留,可以并处五百元以下罚款;情节较轻的,处警告或者五百元以下罚款:

(一)指使或者强令他人违反消防安全规定,冒险作业的;

(二)过失引起火灾的;

(三)在火灾发生后阻拦报警,或者负有报告职责的人员不及时报警的;

(四)扰乱火灾现场秩序,或者拒不执行火灾现场指挥员指挥,影响灭火救援的;

(五)故意破坏或者伪造火灾现场的;

(六)擅自拆封或者使用被消防救援机构查封的场所、部位的。

条文注释

本条是关于对指使或者强令他人违反消防安全规定,冒险作

业,过失引起火灾、阻拦报火警等违反本法规定的行为如何处罚的规定。

本条针对六种消防违法行为设定了法律责任。

1. 指使或者强令他人违反消防安全规定,冒险作业。这主要是指单位负责施工、生产、作业的管理人员或者指挥生产、作业的人员,明知自己的行为违反了消防安全规定,仍然指示或者强迫命令他人违反消防安全规定作业,致使作业场所的消防安全处于危险之中的行为。

2. 过失引起火灾。所谓“过失”引起火灾,是指行为人应当预见自己的行为可能引起火灾,因为疏忽大意而没有预见,或者已经预见却轻信能够避免,以致发生火灾的行为。如使用燃气用具不当引起室内火灾,易燃物品仓库管理人员疏于管理造成失火等。故意放火不属于本项规定的过失引起火灾。对于过失引起火灾的行为,因为当事人主观上存在过错,客观上造成了火灾后果,当予处罚。

3. 在火灾发生后阻拦报警,或者负有报告职责的人员不及时报警。本项规定的行为,具体包括两种:一是在火灾发生后阻拦报警。这一违法行为的主体可以是任何人。“阻拦”,是指以暴力、威胁或者其他方法故意阻碍、阻止、拦挡他人报警的行为。无论行为人阻拦报警的动机如何,均构成本项规定的违法行为。二是在火灾发生后,负有特定报告职责的人员不及时报警。这种违法行为的主体是对火灾负有特定报告职责的人员,如发生火灾场所的值班人员、发生火灾单位的负责人、发生火灾森林的看护人员等。

4. 扰乱火灾现场秩序,或者拒不执行火灾现场指挥员指挥,影响灭火救援。本项规定具体包括两种违法行为:一是扰乱火灾现场秩序,是指使用暴力、威胁或者其他方法,破坏火灾现场秩序,扰乱消防组织和群众迅速、及时组织力量扑灭火灾的行为。二是拒不执行火灾现场指挥员指挥,影响灭火救援的行为。

5. 故意破坏或者伪造火灾现场。本项规定的“破坏”,是指采取破坏手段使人看不出火灾现场的真实情况,如移动现场物品,破坏现场痕迹等。“伪造”是指将火灾现场伪装成另一种情况给人以假象，甚至制造根本不存在的假火灾现场等。需要注意的是，本项没有规定行为人破坏、伪造现场的主观意图，即无论行为人出于何种目的，只要实施了破坏或伪造的行为，即构成本项规定的违法行为。

6. 擅自拆封或者使用被消防救援机构查封的场所、部位。“拆封”，是指拆去消防救援机构设置的封条等查封标记；“使用”是将消防救援机构禁止使用的场所、部位重新投入使用，如将被查封的不符合消防安全要求的歌厅包间重新投入营业等。

第六十五条　【对生产、销售、使用不合格或国家明令淘汰的消防产品行为的处理】违反本法规定，生产、销售不合格的消防产品或者国家明令淘汰的消防产品的，由产品质量监督部门或者工商行政管理部门依照《中华人民共和国产品质量法》的规定从重处罚。

人员密集场所使用不合格的消防产品或者国家明令淘汰的消防产品的，责令限期改正；逾期不改正的，处五千元以上五万元以下罚款，并对其直接负责的主管人员和其他直接责任人员处五百元以上二千元以下罚款；情节严重的，责令停产停业。

消防救援机构对于本条第二款规定的情形，除依法对使用者予以处罚外，应当将发现不合格的消防产品和国家明令淘汰的消防产品的情况通报产品质量监督部门、工商行政管理部门。产品质量监督部门、工商行政管理部门应当对生产者、销售者依法及时查处。

关联法规

《产品质量法》第49～51条

第六十六条 【对电器产品、燃气用具的安装、使用等不符合消防技术标准和管理规定的处罚】电器产品、燃气用具的安装、使用及其线路、管路的设计、敷设、维护保养、检测不符合消防技术标准和管理规定的,责令限期改正;逾期不改正的,责令停止使用,可以并处一千元以上五千元以下罚款。

第六十七条 【单位未履行消防安全职责的法律责任】机关、团体、企业、事业等单位违反本法第十六条、第十七条、第十八条、第二十一条第二款规定的,责令限期改正;逾期不改正的,对其直接负责的主管人员和其他直接责任人员依法给予处分或者给予警告处罚。

第六十八条 【人员密集场所现场工作人员不履行职责的法律责任】人员密集场所发生火灾,该场所的现场工作人员不履行组织、引导在场人员疏散的义务,情节严重,尚不构成犯罪的,处五日以上十日以下拘留。

条文注释

本法第68条是关于人员密集场所现场工作人员不履行职责的法律责任的规定。

第68条规定的"该场所的工作人员"是指发生火灾时该场所所有在场的工作人员,包括管理人员、保安人员、服务人员、勤杂人员等。

第68条规定的不作为,即"不履行组织、引导在场人员疏散的义务",是指现场工作人员在火灾发生时没有组织、指引火灾现场的人员迅速撤离、疏散、脱离火灾危险,如自行逃生或者惊慌失措而放弃履行职责等。如果现场工作人员已经积极履行了组织、引导疏散的工作,但仍无法避免人身伤亡的后果发生,则不能对其依照本条规定处罚。

第六十九条 【消防技术服务机构失职的法律责任】消防设施维护保养检测、消防安全评估等消防技术服务机构，不具备从业条件从事消防技术服务活动或者出具虚假文件的，由消防救援机构责令改正，处五万元以上十万元以下罚款，并对直接负责的主管人员和其他直接责任人员处一万元以上五万元以下罚款；不按照国家标准、行业标准开展消防技术服务活动的，责令改正，处五万元以下罚款，并对直接负责的主管人员和其他直接责任人员处一万元以下罚款；有违法所得的，并处没收违法所得；给他人造成损失的，依法承担赔偿责任；情节严重的，依法责令停止执业或者吊销相应资格；造成重大损失的，由相关部门吊销营业执照，并对有关责任人员采取终身市场禁入措施。

前款规定的机构出具失实文件，给他人造成损失的，依法承担赔偿责任；造成重大损失的，由消防救援机构依法责令停止执业或者吊销相应资格，由相关部门吊销营业执照，并对有关责任人员采取终身市场禁入措施。

第七十条 【对违反消防行为的处罚程序】本法规定的行政处罚，除应当由公安机关依照《中华人民共和国治安管理处罚法》的有关规定决定的外，由住房和城乡建设主管部门、消防救援机构按照各自职权决定。

被责令停止施工、停止使用、停产停业的，应当在整改后向作出决定的部门或者机构报告，经检查合格，方可恢复施工、使用、生产、经营。

当事人逾期不执行停产停业、停止使用、停止施工决定的，由作出决定的部门或者机构强制执行。

责令停产停业，对经济和社会生活影响较大的，由住房和城乡建设主管部门或者应急管理部门报请本级人民政府依法决定。

条文注释

本法第70条是关于对违反消防行为的处罚程序的规定。

根据第70条的规定,对违反《消防法》的行为有权作出处罚的机关,根据不同的情况而有所不同:

本法规定的处罚,是指依照本法第六章的规定,对违反消防管理的有关单位和个人,追究相应的法律责任。这里的"处罚"具体包括:责令限期改正、责令改正、责令停止施工、责令停止使用、责令停产停业、没收违法所得、警告、罚款等。以上处罚的裁决,只能由住房和城乡建设主管部门、消防救援机构按照各自职权决定。《行政处罚法》是我国行政机关进行行政处罚必须遵循的一般性程序法律,是行政处罚的基本法,除法律另有规定外,都必须按照该法所规定的程序决定处罚,本法也不例外。

对被责令停止施工、停止使用、停产停业的三点规定。一是整改的,应当在整改后向作出决定的部门或者机构报告,经检查合格,才能恢复施工、使用、生产、经营。二是当事人逾期不执行的,由作出决定的部门或者机构强制执行。三是对经济和社会生活影响较大的,由住房和城乡建设主管部门或者应急管理部门报请本级人民政府依法决定。

关联法规

《治安管理处罚法》第79、82~84、92~94条

第七十一条 【有关主管部门的工作人员滥用职权、玩忽职守、徇私舞弊的法律责任】住房和城乡建设主管部门、消防救援机构的工作人员滥用职权、玩忽职守、徇私舞弊,有下列行为之一,尚不构成犯罪的,依法给予处分:

(一)对不符合消防安全要求的消防设计文件、建设工程、场所准予审查合格、消防验收合格、消防安全检查合格的;

(二)无故拖延消防设计审查、消防验收、消防安全检查,不在法定期限内履行职责的;

（三）发现火灾隐患不及时通知有关单位或者个人整改的；

（四）利用职务为用户、建设单位指定或者变相指定消防产品的品牌、销售单位或者消防技术服务机构、消防设施施工单位的；

（五）将消防车、消防艇以及消防器材、装备和设施用于与消防和应急救援无关的事项的；

（六）其他滥用职权、玩忽职守、徇私舞弊的行为。

产品质量监督、工商行政管理等其他有关行政主管部门的工作人员在消防工作中滥用职权、玩忽职守、徇私舞弊，尚不构成犯罪的，依法给予处分。

条文注释

本条是关于有关主管部门的工作人员滥用职权、玩忽职守、徇私舞弊的法律责任的规定。

滥用职权，是指负有特定职权的人违反法律、法规规定的权限和程序，滥用权力，给国家和人民利益造成损失。本条第1款第1、2、4项规定的违法行为，即是滥用职权的行为。玩忽职守，是指负有特定职务的人员，不履行、不认真履行或者不正确履行职责，给国家和人民的利益造成损失。玩忽职守通常表现为违反工作纪律和规章制度，工作马虎草率，极端不负责任或者推诿扯皮等。徇私舞弊，是指为徇亲友私情或者某种利益而置国家利益于不顾，弄虚作假，不按工作原则和规定办事。如果由于认识偏差造成工作失误，不是徇私舞弊行为。

第七十二条　【违反消防法构成犯罪的刑事责任】违反本法规定，构成犯罪的，依法追究刑事责任。

条文注释

本条是关于违反《消防法》构成犯罪的刑事责任的规定。

本法第58、59条列举了一些违反消防安全规定的具体行为，如发现后经消防救援机构责令改正，而又拒绝改正，造成严重后果的，就可依照《刑法》第139条关于消防责任事故罪的规定追究刑事责任，即违反消防管理法规，经消防监督机构通知采取改正措施而拒绝执行，造成严重后果的，对直接责任人员，处3年以下有期徒刑或者拘役；后果特别严重的，处3年以上7年以下有期徒刑。

违反本法第71条规定，滥用职权、玩忽职守、徇私舞弊，构成犯罪的，可依照《刑法》第397条关于滥用职权罪、玩忽职守罪的规定追究刑事责任，即国家机关工作人员滥用职权或者玩忽职守，致使公共财产、国家和人民利益遭受重大损失的，处3年以下有期徒刑或者拘役；情节特别严重的，处3年以上7年以下有期徒刑。国家机关工作人员徇私舞弊，犯滥用职权罪、玩忽职守罪的，处5年以下有期徒刑或者拘役；情节特别严重的，处5年以上10年以下有期徒刑。《刑法》另有规定的，依照规定。

第七章 附 则

第七十三条 【专门用语的含义】本法下列用语的含义：

（一）消防设施，是指火灾自动报警系统、自动灭火系统、消火栓系统、防烟排烟系统以及应急广播和应急照明、安全疏散设施等。

（二）消防产品，是指专门用于火灾预防、灭火救援和火灾防护、避难、逃生的产品。

（三）公众聚集场所，是指宾馆、饭店、商场、集贸市场、客运车站候车室、客运码头候船厅、民用机场航站楼、体育场馆、会堂以及公共娱乐场所等。

（四）人员密集场所，是指公众聚集场所，医院的门诊楼、病房楼，学校的教学楼、图书馆、食堂和集体宿舍，养老院，福利院,托儿所,幼儿园,公共图书馆的阅览室,公共展览馆、博物馆的展示厅,劳动密集型企业的生产加工车间和员工集体宿舍,旅游、宗教活动场所等。

第七十四条 【施行日期】本法自2009年5月1日起施行。

条文注释

本法第74条是关于本法施行日期的规定。

《消防法》是在2021年4月29日,由第十三届全国人大常委会第二十八次会议修正的,修正后的《消防法》施行日期是2009年5月1日,即从2009年5月1日起生效施行。根据法不溯及既往原则,对于生效日期以前发生的行为,依照原《消防法》的规定执行;对于施行日期以后发生的行为,依照本法的规定执行。

附录

中华人民共和国
治安管理处罚法（节录）

（2005年8月28日第十届全国人民代表大会常务委员会第十七次会议通过　根据2012年10月26日第十一届全国人民代表大会常务委员会第二十九次会议《关于修改〈中华人民共和国治安管理处罚法〉的决定》修正）

第二十五条　有下列行为之一的，处五日以上十日以下拘留，可以并处五百元以下罚款；情节较轻的，处五日以下拘留或者五百元以下罚款：

（一）散布谣言，谎报险情、疫情、警情或者以其他方法故意扰乱公共秩序的；

（二）投放虚假的爆炸性、毒害性、放射性、腐蚀性物质或者传染病病原体等危险物质扰乱公共秩序的；

（三）扬言实施放火、爆炸、投放危险物质扰乱公共秩序的。

第三十八条　举办文化、体育等大型群众性活动，违反有关规定，有发生安全事故危险的，责令停止活动，立即疏散；对组织者处五日以上十日以下拘留，并处二百元以上五百元以下罚款；情节较轻的，处五日以下拘留或者五百元以下罚款。

第三十九条　旅馆、饭店、影剧院、娱乐场、运动场、展览馆或者其他供社会公众活动的场所的经营管理人员，违反安全规定，致使该场所有发生安全事故危险，经公安机关责令改正，拒不改正的，处五日以下拘留。

第五十条　有下列行为之一的，处警告或者二百元以下罚款；情节严重

的,处五日以上十日以下拘留,可以并处五百元以下罚款:

(一)拒不执行人民政府在紧急状态情况下依法发布的决定、命令的;

(二)阻碍国家机关工作人员依法执行职务的;

(三)阻碍执行紧急任务的消防车、救护车、工程抢险车、警车等车辆通行的;

(四)强行冲闯公安机关设置的警戒带、警戒区的。

阻碍人民警察依法执行职务的,从重处罚。

中华人民共和国刑法(节录)

(1979年7月1日第五届全国人民代表大会第二次会议通过　1997年3月14日第八届全国人民代表大会第五次会议修订　根据1998年12月29日第九届全国人民代表大会常务委员会第六次会议通过的《关于惩治骗购外汇、逃汇和非法买卖外汇犯罪的决定》、1999年12月25日第九届全国人民代表大会常务委员会第十三次会议通过的《中华人民共和国刑法修正案》、2001年8月31日第九届全国人民代表大会常务委员会第二十三次会议通过的《中华人民共和国刑法修正案(二)》、2001年12月29日第九届全国人民代表大会常务委员会第二十五次会议通过的《中华人民共和国刑法修正案(三)》、2002年12月28日第九届全国人民代表大会常务委员会第三十一次会议通过的《中华人民共和国刑法修正案(四)》、2005年2月28日第十届全国人民代表大会常务委员会第十四次会议通过的《中华人民共和国刑法修正案(五)》、2006年6月29日第十届全国人民代表大会常务委员会第二十二次会议通过的《中华人民共和国刑法修正案(六)》、2009年2月28日第十一届全国人民代表大会常务委员会第七次会议通过的《中华人民共和国刑法修正案(七)》、2009年8月27日第十一届全国人民代表大会常务委员会第十次会议通过的《关于修改部分法律的决定》、2011 年 2 月 25 日第十一届全国人民代表大会常务委员会第十九次会议通过的《中华人民共和国刑法修正案(八)》、2015 年 8 月 29 日第十二届全国人民代表大会常务委员会第十六次会议通过的《中华人民共和国刑法修正案(九)》、2017 年 11 月 4 日第十二届全国人民代表大会常务委员会第三十次会议通过的《中华人民共和国刑法修正案(十)》、2020 年 12 月 26 日第十三届全国人民代表大会常务委员会第二十四次会议通过的《中华人民共和国刑法修正案(十一)》修正)

第一百一十四条　放火、决水、爆炸以及投放毒害性、放射性、传染病病原体等物质或者以其他危险方法危害公共安全，尚未造成严重后果的，处三年以上十年以下有期徒刑。

第一百一十五条　放火、决水、爆炸以及投放毒害性、放射性、传染病病原体等物质或者以其他危险方法致人重伤、死亡或者使公私财产遭受重大损失的，处十年以上有期徒刑、无期徒刑或者死刑。

过失犯前款罪的，处三年以上七年以下有期徒刑；情节较轻的，处三年以下有期徒刑或者拘役。

第一百一十八条　破坏电力、燃气或者其他易燃易爆设备，危害公共安全，尚未造成严重后果的，处三年以上十年以下有期徒刑。

第一百一十九条　破坏交通工具、交通设施、电力设备、燃气设备、易燃易爆设备，造成严重后果的，处十年以上有期徒刑、无期徒刑或者死刑。

过失犯前款罪的，处三年以上七年以下有期徒刑；情节较轻的，处三年以下有期徒刑或者拘役。

第一百三十四条　在生产、作业中违反有关安全管理的规定，因而发生重大伤亡事故或者造成其他严重后果的，处三年以下有期徒刑或者拘役；情节特别恶劣的，处三年以上七年以下有期徒刑。

强令他人违章冒险作业，或者明知存在重大事故隐患而不排除，仍冒险组织作业，因而发生重大伤亡事故或者造成其他严重后果的，处五年以下有期徒刑或者拘役;情节特别恶劣的,处五年以上有期徒刑。

第一百三十五条　安全生产设施或者安全生产条件不符合国家规定,因而发生重大伤亡事故或者造成其他严重后果的,对直接负责的主管人员和其他直接责任人员,处三年以下有期徒刑或者拘役;情节特别恶劣的,处三年以上七年以下有期徒刑。

第一百三十五条之一　举办大型群众性活动违反安全管理规定,因而发生重大伤亡事故或者造成其他严重后果的,对直接负责的主管人员和其他直接责任人员,处三年以下有期徒刑或者拘役;情节特别恶劣的,处三年以上七年以下有期徒刑。

第一百三十六条　违反爆炸性、易燃性、放射性、毒害性、腐蚀性物品的管理规定,在生产、储存、运输、使用中发生重大事故,造成严重后果的,处三年以下有期徒刑或者拘役;后果特别严重的,处三年以上七年以下有期徒刑。

第一百三十八条　明知校舍或者教育教学设施有危险,而不采取措施或者不及时报告,致使发生重大伤亡事故的,对直接责任人员,处三年以下有期徒刑或者拘役;后果特别严重的,处三年以上七年以下有期徒刑。

第一百三十九条　违反消防管理法规,经消防监督机构通知采取改正措施而拒绝执行,造成严重后果的,对直接责任人员,处三年以下有期徒刑或者拘役;后果特别严重的,处三年以上七年以下有期徒刑。

第一百三十九条之一　在安全事故发生后,负有报告职责的人员不报或者谎报事故情况,贻误事故抢救,情节严重的,处三年以下有期徒刑或者拘役;情节特别严重的,处三年以上七年以下有期徒刑。

中华人民共和国消防救援衔条例

（2018年10月26日第十三届全国人民代表大会常务委员会第六次会议通过　2018年10月26日中华人民共和国主席令第14号公布　自2018年10月27日起施行）

第一章　总　　则

第一条　为了加强国家综合性消防救援队伍正规化、专业化、职业化建设，增强消防救援人员的责任感、荣誉感和组织纪律性，有利于国家综合性消防救援队伍的指挥、管理和依法履行职责，根据宪法，制定本条例。

第二条　国家综合性消防救援队伍实行消防救援衔制度。

消防救援衔授予对象为纳入国家行政编制、由国务院应急管理部门统一领导管理的综合性消防救援队伍在职人员。

第三条　消防救援衔是表明消防救援人员身份、区分消防救援人员等级的称号和标志，是国家给予消防救援人员的荣誉和相应待遇的依据。

第四条　消防救援衔高的人员对消防救援衔低的人员，消防救援衔高的为上级。消防救援衔高的人员在职务上隶属于消防救援衔低的人员时，担任领导职务或者领导职务高的为上级。

第五条　国务院应急管理部门主管消防救援衔工作。

第二章　消防救援衔等级的设置

第六条　消防救援衔按照管理指挥人员、专业技术人员和消防员分别设置。

第七条　管理指挥人员消防救援衔设下列三等十一级：

（一）总监、副总监、助理总监；

（二）指挥长：高级指挥长、一级指挥长、二级指挥长、三级指挥长；

（三）指挥员：一级指挥员、二级指挥员、三级指挥员、四级指挥员。

第八条　专业技术人员消防救援衔设下列二等八级，在消防救援衔前冠以“专业技术”：

（一）指挥长：高级指挥长、一级指挥长、二级指挥长、三级指挥长；

（二）指挥员：一级指挥员、二级指挥员、三级指挥员、四级指挥员。

第九条　消防员消防救援衔设下列三等八级：

（一）高级消防员：一级消防长、二级消防长、三级消防长；

（二）中级消防员：一级消防士、二级消防士；

（三）初级消防员：三级消防士、四级消防士、预备消防士。

第三章　消防救援衔等级的编制

第十条　管理指挥人员按照下列职务等级编制消防救援衔：

（一）国务院应急管理部门正职：总监；

（二）国务院应急管理部门消防救援队伍领导指挥机构、森林消防队伍领导指挥机构正职：副总监；

（三）国务院应急管理部门消防救援队伍领导指挥机构、森林消防队伍领导指挥机构副职：助理总监；

（四）总队级正职：高级指挥长；

（五）总队级副职：一级指挥长；

（六）支队级正职：二级指挥长；

（七）支队级副职：三级指挥长；

（八）大队级正职：一级指挥员；

（九）大队级副职：二级指挥员；

（十）站（中队）级正职：三级指挥员；

（十一）站（中队）级副职：四级指挥员。

第十一条　专业技术人员按照下列职务等级编制消防救援衔：

（一）高级专业技术职务：高级指挥长至三级指挥长；

（二）中级专业技术职务：一级指挥长至二级指挥员；

（三）初级专业技术职务：三级指挥长至四级指挥员。

第十二条 消防员按照下列工作年限编制消防救援衔：

（一）工作满二十四年的：一级消防长；

（二）工作满二十年的：二级消防长；

（三）工作满十六年的：三级消防长；

（四）工作满十二年的：一级消防士；

（五）工作满八年的：二级消防士；

（六）工作满五年的：三级消防士；

（七）工作满二年的：四级消防士；

（八）工作二年以下的：预备消防士。

第四章 消防救援衔的首次授予

第十三条 授予消防救援衔，以消防救援人员现任职务、德才表现、学历学位、任职时间和工作年限为依据。

第十四条 初任管理指挥人员、专业技术人员，按照下列规定首次授予消防救援衔：

（一）从普通高等学校毕业生中招录，取得大学专科、本科学历的，授予四级指挥员消防救援衔；取得硕士学位的研究生，授予三级指挥员消防救援衔；取得博士学位的研究生，授予一级指挥员消防救援衔；

（二）从消防员选拔任命为管理指挥人员、专业技术人员的，按照所任命的职务等级授予相应的消防救援衔；

（三）从国家机关或者其他救援队伍调入的，或者从符合条件的社会人员中招录的，按照所任命的职务等级授予相应的消防救援衔。

第十五条 初任消防员，按照下列规定首次授予消防救援衔：

（一）从高中毕业生、普通高等学校在校生或者毕业生中招录的，授予预备消防士；

（二）从退役士兵中招录的，其服役年限计入工作时间，按照本条例第十二条的规定，授予相应的消防救援衔；

（三）从其他救援队伍或者具备专业技能的社会人员中招录的，根据其从事相关专业工作时间，比照国家综合性消防救援队伍中同等条件人员，授予相应的消防救援衔。

第十六条 首次授予管理指挥人员、专业技术人员消防救援衔，按照下列规定的权限予以批准：

（一）授予总监、副总监、助理总监，由国务院总理批准；

（二）授予高级指挥长、一级指挥长、二级指挥长，由国务院应急管理部门正职领导批准；

（三）授予三级指挥长、一级指挥员，报省、自治区、直辖市人民政府应急管理部门同意后由总队级单位正职领导批准，其中森林消防队伍人员由国务院应急管理部门森林消防队伍领导指挥机构正职领导批准；

（四）授予二级指挥员、三级指挥员、四级指挥员，由总队级单位正职领导批准。

第十七条 首次授予消防员消防救援衔，按照下列规定的权限予以批准：

（一）授予一级消防长、二级消防长、三级消防长，由国务院应急管理部门消防救援队伍领导指挥机构、森林消防队伍领导指挥机构正职领导批准；

（二）授予一级消防士、二级消防士、三级消防士、四级消防士、预备消防士，由总队级单位正职领导批准。

第五章 消防救援衔的晋级

第十八条 消防救援衔一般根据职务等级调整情况或者工作年限逐级晋升。

消防救援人员晋升上一级消防救援衔，应当胜任本职工作，遵纪守法，廉洁奉公，作风正派。

消防救援人员经培训合格后，方可晋升上一级消防救援衔。

第十九条 管理指挥人员、专业技术人员的消防救援衔晋升，一般与其职务等级晋升一致。

消防员的消防救援衔晋升，按照本条例第十二条的规定执行。通过全国普通高等学校招生统一考试、取得全日制大学专科以上学历的消防员晋升消防救援衔，其按照规定学制在普通高等学校学习的时间视同工作时间，但不计入工龄。

第二十条 管理指挥人员、专业技术人员消防救援衔晋升，按照下列规定的权限予以批准：

（一）晋升为总监、副总监、助理总监，由国务院总理批准；

（二）晋升为高级指挥长、一级指挥长，由国务院应急管理部门正职领导批准；

（三）晋升为二级指挥长，报省、自治区、直辖市人民政府应急管理部门同意后由总队级单位正职领导批准，其中森林消防队伍人员由国务院应急管理部门森林消防队伍领导指挥机构正职领导批准；

（四）晋升为三级指挥长、一级指挥员，由总队级单位正职领导批准；

（五）晋升为二级指挥员、三级指挥员，由支队级单位正职领导批准。

第二十一条 消防员消防救援衔晋升，按照下列规定的权限予以批准：

（一）晋升为一级消防长、二级消防长、三级消防长，由国务院应急管理部门消防救援队伍领导指挥机构、森林消防队伍领导指挥机构正职领导批准；

（二）晋升为一级消防士、二级消防士，由总队级单位正职领导批准；

（三）晋升为三级消防士、四级消防士，由支队级单位正职领导批准。

第二十二条 消防救援人员在消防救援工作中做出重大贡献、德才表现突出的，其消防救援衔可以提前晋升。

第六章 消防救援衔的保留、降级和取消

第二十三条 消防救援人员退休后，其消防救援衔予以保留。

消防救援人员按照国家规定退出消防救援队伍，或者调离、辞职、被辞退的，其消防救援衔不予保留。

第二十四条 消防救援人员因不胜任现任职务被调任下级职务的，其消防救援衔应当调整至相应衔级，调整的批准权限与原衔级的批准权限相同。

第二十五条 消防救援人员受到降级、撤职处分的，应当相应降低消防救援衔，降级的批准权限与原衔级的批准权限相同。

消防救援衔降级不适用于四级指挥员和预备消防士。

第二十六条　消防救援人员受到开除处分的，以及因犯罪被依法判处剥夺政治权利或者有期徒刑以上刑罚的，其消防救援衔相应取消。

消防救援人员退休后犯罪的，适用前款规定。

第七章　附　　则

第二十七条　消防救援衔标志式样和佩带办法，由国务院制定。

第二十八条　本条例自 2018 年 10 月 27 日起施行。

草原防火条例

（1993 年 10 月 5 日国务院令第 130 号公布　2008 年 11 月 29 日国务院令第 542 号修订　自 2009 年 1 月 1 日起施行）

第一章　总　　则

第一条　为了加强草原防火工作，积极预防和扑救草原火灾，保护草原，保障人民生命和财产安全，根据《中华人民共和国草原法》，制定本条例。

第二条　本条例适用于中华人民共和国境内草原火灾的预防和扑救。但是，林区和城市市区的除外。

第三条　草原防火工作实行预防为主、防消结合的方针。

第四条　县级以上人民政府应当加强草原防火工作的组织领导，将草原防火所需经费纳入本级财政预算，保障草原火灾预防和扑救工作的开展。

草原防火工作实行地方各级人民政府行政首长负责制和部门、单位领导负责制。

第五条　国务院草原行政主管部门主管全国草原防火工作。

县级以上地方人民政府确定的草原防火主管部门主管本行政区域内的草原防火工作。

县级以上人民政府其他有关部门在各自的职责范围内做好草原防火工作。

第六条　草原的经营使用单位和个人,在其经营使用范围内承担草原防火责任。

第七条　草原防火工作涉及两个以上行政区域或者涉及森林防火、城市消防的,有关地方人民政府及有关部门应当建立联防制度,确定联防区域,制定联防措施,加强信息沟通和监督检查。

第八条　各级人民政府或者有关部门应当加强草原防火宣传教育活动,提高公民的草原防火意识。

第九条　国家鼓励和支持草原火灾预防和扑救的科学技术研究,推广先进的草原火灾预防和扑救技术。

第十条　对在草原火灾预防和扑救工作中有突出贡献或者成绩显著的单位、个人,按照国家有关规定给予表彰和奖励。

第二章　草原火灾的预防

第十一条　国务院草原行政主管部门根据草原火灾发生的危险程度和影响范围等,将全国草原划分为极高、高、中、低四个等级的草原火险区。

第十二条　国务院草原行政主管部门根据草原火险区划和草原防火工作的实际需要,编制全国草原防火规划,报国务院或者国务院授权的部门批准后组织实施。

县级以上地方人民政府草原防火主管部门根据全国草原防火规划,结合本地实际,编制本行政区域的草原防火规划,报本级人民政府批准后组织实施。

第十三条　草原防火规划应当主要包括下列内容:

(一)草原防火规划制定的依据;

(二)草原防火组织体系建设;

(三)草原防火基础设施和装备建设;

（四）草原防火物资储备；

（五）保障措施。

第十四条 县级以上人民政府应当组织有关部门和单位，按照草原防火规划，加强草原火情瞭望和监测设施、防火隔离带、防火道路、防火物资储备库（站）等基础设施建设，配备草原防火交通工具、灭火器械、观察和通信器材等装备，储存必要的防火物资，建立和完善草原防火指挥信息系统。

第十五条 国务院草原行政主管部门负责制订全国草原火灾应急预案，报国务院批准后组织实施。

县级以上地方人民政府草原防火主管部门负责制订本行政区域的草原火灾应急预案，报本级人民政府批准后组织实施。

第十六条 草原火灾应急预案应当主要包括下列内容：

（一）草原火灾应急组织机构及其职责；

（二）草原火灾预警与预防机制；

（三）草原火灾报告程序；

（四）不同等级草原火灾的应急处置措施；

（五）扑救草原火灾所需物资、资金和队伍的应急保障；

（六）人员财产撤离、医疗救治、疾病控制等应急方案。

草原火灾根据受害草原面积、伤亡人数、受灾牲畜数量以及对城乡居民点、重要设施、名胜古迹、自然保护区的威胁程度等，分为特别重大、重大、较大、一般四个等级。具体划分标准由国务院草原行政主管部门制定。

第十七条 县级以上地方人民政府应当根据草原火灾发生规律，确定本行政区域的草原防火期，并向社会公布。

第十八条 在草原防火期内，因生产活动需要在草原上野外用火的，应当经县级人民政府草原防火主管部门批准。用火单位或者个人应当采取防火措施，防止失火。

在草原防火期内，因生活需要在草原上用火的，应当选择安全地点，采取防火措施，用火后彻底熄灭余火。

除本条第一款、第二款规定的情形外，在草原防火期内，禁止在草原上野外用火。

第十九条 在草原防火期内，禁止在草原上使用枪械狩猎。

在草原防火期内，在草原上进行爆破、勘察和施工等活动的，应当经县级以上地方人民政府草原防火主管部门批准，并采取防火措施，防止失火。

在草原防火期内，部队在草原上进行实弹演习、处置突发性事件和执行其他任务，应当采取必要的防火措施。

第二十条 在草原防火期内，在草原上作业或者行驶的机动车辆，应当安装防火装置，严防漏火、喷火和闸瓦脱落引起火灾。在草原上行驶的公共交通工具上的司机和乘务人员，应当对旅客进行草原防火宣传。司机、乘务人员和旅客不得丢弃火种。

在草原防火期内，对草原上从事野外作业的机械设备，应当采取防火措施；作业人员应当遵守防火安全操作规程，防止失火。

第二十一条 在草原防火期内，经本级人民政府批准，草原防火主管部门应当对进入草原、存在火灾隐患的车辆以及可能引发草原火灾的野外作业活动进行草原防火安全检查。发现存在火灾隐患的，应当告知有关责任人员采取措施消除火灾隐患；拒不采取措施消除火灾隐患的，禁止进入草原或者在草原上从事野外作业活动。

第二十二条 在草原防火期内，出现高温、干旱、大风等高火险天气时，县级以上地方人民政府应当将极高草原火险区、高草原火险区以及一旦发生草原火灾可能造成人身重大伤亡或者财产重大损失的区域划为草原防火管制区，规定管制期限，及时向社会公布，并报上一级人民政府备案。

在草原防火管制区内，禁止一切野外用火。对可能引起草原火灾的非野外用火，县级以上地方人民政府或者草原防火主管部门应当按照管制要求，严格管理。

进入草原防火管制区的车辆，应当取得县级以上地方人民政府草原防火主管部门颁发的草原防火通行证，并服从防火管制。

第二十三条 草原上的农（牧）场、工矿企业和其他生产经营单位，以及驻军单位、自然保护区管理单位和农村集体经济组织等，应当在县级以上地方人民政府的领导和草原防火主管部门的指导下，落实草原防火责任制，加强火源管理，消除火灾隐患，做好本单位的草原防火工作。

铁路、公路、电力和电信线路以及石油天然气管道等的经营单位，应当在其草原防火责任区内，落实防火措施，防止发生草原火灾。

承包经营草原的个人对其承包经营的草原，应当加强火源管理，消除火灾隐患，履行草原防火义务。

第二十四条　省、自治区、直辖市人民政府可以根据本地的实际情况划定重点草原防火区，报国务院草原行政主管部门备案。

重点草原防火区的县级以上地方人民政府和自然保护区管理单位，应当根据需要建立专业扑火队；有关乡（镇）、村应当建立群众扑火队。扑火队应当进行专业培训，并接受县级以上地方人民政府的指挥、调动。

第二十五条　县级以上人民政府草原防火主管部门和气象主管机构，应当联合建立草原火险预报预警制度。气象主管机构应当根据草原防火的实际需要，做好草原火险气象等级预报和发布工作；新闻媒体应当及时播报草原火险气象等级预报。

第三章　草原火灾的扑救

第二十六条　从事草原火情监测以及在草原上从事生产经营活动的单位和个人，发现草原火情的，应当采取必要措施，并及时向当地人民政府或者草原防火主管部门报告。其他发现草原火情的单位和个人，也应当及时向当地人民政府或者草原防火主管部门报告。

当地人民政府或者草原防火主管部门接到报告后，应当立即组织人员赶赴现场，核实火情，采取控制和扑救措施，防止草原火灾扩大。

第二十七条　当地人民政府或者草原防火主管部门应当及时将草原火灾发生时间、地点、估测过火面积、火情发展趋势等情况报上级人民政府及其草原防火主管部门；境外草原火灾威胁到我国草原安全的，还应当报告境外草原火灾距我国边境距离、沿边境蔓延长度以及对我国草原的威胁程度等情况。

禁止瞒报、谎报或者授意他人瞒报、谎报草原火灾。

第二十八条　县级以上地方人民政府应当根据草原火灾发生情况确定火灾等级，并及时启动草原火灾应急预案。特别重大、重大草原火灾以及境外草原火灾威胁到我国草原安全的，国务院草原行政主管部门应当及时启动草原火灾应急预案。

第二十九条　草原火灾应急预案启动后，有关地方人民政府应当按照草原火灾应急预案的要求，立即组织、指挥草原火灾的扑救工作。

扑救草原火灾应当首先保障人民群众的生命安全，有关地方人民政府应当及时动员受到草原火灾威胁的居民以及其他人员转移到安全地带，并予以妥善安置；情况紧急时，可以强行组织避灾疏散。

第三十条 县级以上人民政府有关部门应当按照草原火灾应急预案的分工，做好相应的草原火灾应急工作。

气象主管机构应当做好气象监测和预报工作，及时向当地人民政府提供气象信息，并根据天气条件适时实施人工增雨。

民政部门应当及时设置避难场所和救济物资供应点，开展受灾群众救助工作。

卫生主管部门应当做好医疗救护、卫生防疫工作。

铁路、交通、航空等部门应当优先运送救灾物资、设备、药物、食品。

通信主管部门应当组织提供应急通信保障。

公安部门应当及时查处草原火灾案件，做好社会治安维护工作。

第三十一条 扑救草原火灾应当组织和动员专业扑火队和受过专业培训的群众扑火队；接到扑救命令的单位和个人，必须迅速赶赴指定地点，投入扑救工作。

扑救草原火灾，不得动员残疾人、孕妇、未成年人和老年人参加。

需要中国人民解放军和中国人民武装警察部队参加草原火灾扑救的，依照《军队参加抢险救灾条例》的有关规定执行。

第三十二条 根据扑救草原火灾的需要，有关地方人民政府可以紧急征用物资、交通工具和相关的设施、设备；必要时，可以采取清除障碍物、建设隔离带、应急取水、局部交通管制等应急管理措施。

因救灾需要，紧急征用单位和个人的物资、交通工具、设施、设备或者占用其房屋、土地的，事后应当及时返还，并依照有关法律规定给予补偿。

第三十三条 发生特别重大、重大草原火灾的，国务院草原行政主管部门应当立即派员赶赴火灾现场，组织、协调、督导火灾扑救，并做好跨省、自治区、直辖市草原防火物资的调用工作。

发生威胁林区安全的草原火灾的，有关草原防火主管部门应当及时通知有关林业主管部门。

境外草原火灾威胁到我国草原安全的，国务院草原行政主管部门应当立即派员赶赴有关现场，组织、协调、督导火灾预防，并及时将有关情况通知外交部。

第三十四条 国家实行草原火灾信息统一发布制度。特别重大、重大草原火灾以及威胁到我国草原安全的境外草原火灾信息，由国务院草原行政主管部门发布；其他草原火灾信息，由省、自治区、直辖市人民政府草原防火主管部门发布。

第三十五条 重点草原防火区的县级以上地方人民政府可以根据草原火灾应急预案的规定，成立草原防火指挥部，行使本章规定的本级人民政府在草原火灾扑救中的职责。

第四章 灾后处置

第三十六条 草原火灾扑灭后，有关地方人民政府草原防火主管部门或者其指定的单位应当对火灾现场进行全面检查，清除余火，并留有足够的人员看守火场。经草原防火主管部门检查验收合格，看守人员方可撤出。

第三十七条 草原火灾扑灭后，有关地方人民政府应当组织有关部门及时做好灾民安置和救助工作，保障灾民的基本生活条件，做好卫生防疫工作，防止传染病的发生和传播。

第三十八条 草原火灾扑灭后，有关地方人民政府应当组织有关部门及时制定草原恢复计划，组织实施补播草籽和人工种草等技术措施，恢复草场植被，并做好畜禽检疫工作，防止动物疫病的发生。

第三十九条 草原火灾扑灭后，有关地方人民政府草原防火主管部门应当及时会同公安等有关部门，对火灾发生时间、地点、原因以及肇事人等进行调查并提出处理意见。

草原防火主管部门应当对受灾草原面积、受灾畜禽种类和数量、受灾珍稀野生动植物种类和数量、人员伤亡以及物资消耗和其他经济损失等情况进行统计，对草原火灾给城乡居民生活、工农业生产、生态环境造成的影响进行评估，并按照国务院草原行政主管部门的规定上报。

第四十条 有关地方人民政府草原防火主管部门应当严格按照草原火灾统计报表的要求，进行草原火灾统计，向上一级人民政府草原防火主管部门报告，并抄送同级公安部门、统计机构。草原火灾统计报表由国务院草原行政主管部门会同国务院公安部门制定，报国家统计部门备案。

第四十一条 对因参加草原火灾扑救受伤、致残或者死亡的人员，按照国家有关规定给予医疗、抚恤。

第五章　法律责任

第四十二条　违反本条例规定，县级以上人民政府草原防火主管部门或者其他有关部门及其工作人员，有下列行为之一的，由其上级行政机关或者监察机关责令改正；情节严重的，对直接负责的主管人员和其他直接责任人员依法给予处分；构成犯罪的，依法追究刑事责任：

（一）未按照规定制订草原火灾应急预案的；

（二）对不符合草原防火要求的野外用火或者爆破、勘察和施工等活动予以批准的；

（三）对不符合条件的车辆发放草原防火通行证的；

（四）瞒报、谎报或者授意他人瞒报、谎报草原火灾的；

（五）未及时采取草原火灾扑救措施的；

（六）不依法履行职责的其他行为。

第四十三条　截留、挪用草原防火资金或者侵占、挪用草原防火物资的，依照有关财政违法行为处罚处分的法律、法规进行处理；构成犯罪的，依法追究刑事责任。

第四十四条　违反本条例规定，有下列行为之一的，由县级以上地方人民政府草原防火主管部门责令停止违法行为，采取防火措施，并限期补办有关手续，对有关责任人员处2000元以上5000元以下罚款，对有关责任单位处5000元以上2万元以下罚款：

（一）未经批准在草原上野外用火或者进行爆破、勘察和施工等活动的；

（二）未取得草原防火通行证进入草原防火管制区的。

第四十五条　违反本条例规定，有下列行为之一的，由县级以上地方人民政府草原防火主管部门责令停止违法行为，采取防火措施，消除火灾隐患，并对有关责任人员处200元以上2000元以下罚款，对有关责任单位处2000元以上2万元以下罚款；拒不采取防火措施、消除火灾隐患的，由县级以上地方人民政府草原防火主管部门代为采取防火措施、消除火灾隐患，所需费用由违法单位或者个人承担：

（一）在草原防火期内，经批准的野外用火未采取防火措施的；

（二）在草原上作业和行驶的机动车辆未安装防火装置或者存在火灾隐患的；

（三）在草原上行驶的公共交通工具上的司机、乘务人员或者旅客丢弃火种的；

（四）在草原上从事野外作业的机械设备作业人员不遵守防火安全操作规程或者对野外作业的机械设备未采取防火措施的；

（五）在草原防火管制区内未按照规定用火的。

第四十六条 违反本条例规定，草原上的生产经营等单位未建立或者未落实草原防火责任制的，由县级以上地方人民政府草原防火主管部门责令改正，对有关责任单位处5000元以上2万元以下罚款。

第四十七条 违反本条例规定，故意或者过失引发草原火灾，构成犯罪的，依法追究刑事责任。

第六章 附 则

第四十八条 草原消防车辆应当按照规定喷涂标志图案，安装警报器、标志灯具。

第四十九条 本条例自2009年1月1日起施行。

森林防火条例

（1988年1月16日国务院公布 2008年12月1日国务院令第541号修订 自2009年1月1日起施行）

第一章 总 则

第一条 为了有效预防和扑救森林火灾，保障人民生命财产安全，保护森林资源，维护生态安全，根据《中华人民共和国森林法》，制定本条例。

第二条 本条例适用于中华人民共和国境内森林火灾的预防和扑救。但是，城市市区的除外。

第三条 森林防火工作实行预防为主、积极消灭的方针。

第四条 国家森林防火指挥机构负责组织、协调和指导全国的森林防火工作。

国务院林业主管部门负责全国森林防火的监督和管理工作，承担国家森林防火指挥机构的日常工作。

国务院其他有关部门按照职责分工，负责有关的森林防火工作。

第五条 森林防火工作实行地方各级人民政府行政首长负责制。

县级以上地方人民政府根据实际需要设立的森林防火指挥机构，负责组织、协调和指导本行政区域的森林防火工作。

县级以上地方人民政府林业主管部门负责本行政区域森林防火的监督和管理工作，承担本级人民政府森林防火指挥机构的日常工作。

县级以上地方人民政府其他有关部门按照职责分工，负责有关的森林防火工作。

第六条 森林、林木、林地的经营单位和个人，在其经营范围内承担森林防火责任。

第七条 森林防火工作涉及两个以上行政区域的，有关地方人民政府应当建立森林防火联防机制，确定联防区域，建立联防制度，实行信息共享，并加强监督检查。

第八条 县级以上人民政府应当将森林防火基础设施建设纳入国民经济和社会发展规划，将森林防火经费纳入本级财政预算。

第九条 国家支持森林防火科学研究，推广和应用先进的科学技术，提高森林防火科技水平。

第十条 各级人民政府、有关部门应当组织经常性的森林防火宣传活动，普及森林防火知识，做好森林火灾预防工作。

第十一条 国家鼓励通过保险形式转移森林火灾风险，提高林业防灾减灾能力和灾后自我救助能力。

第十二条 对在森林防火工作中作出突出成绩的单位和个人，按照国家有关规定，给予表彰和奖励。

对在扑救重大、特别重大森林火灾中表现突出的单位和个人,可以由森林防火指挥机构当场给予表彰和奖励。

第二章 森林火灾的预防

第十三条 省、自治区、直辖市人民政府林业主管部门应当按照国务院林业主管部门制定的森林火险区划等级标准,以县为单位确定本行政区域的森林火险区划等级,向社会公布,并报国务院林业主管部门备案。

第十四条 国务院林业主管部门应当根据全国森林火险区划等级和实际工作需要,编制全国森林防火规划,报国务院或者国务院授权的部门批准后组织实施。

县级以上地方人民政府林业主管部门根据全国森林防火规划,结合本地实际,编制本行政区域的森林防火规划,报本级人民政府批准后组织实施。

第十五条 国务院有关部门和县级以上地方人民政府应当按照森林防火规划,加强森林防火基础设施建设,储备必要的森林防火物资,根据实际需要整合、完善森林防火指挥信息系统。

国务院和省、自治区、直辖市人民政府根据森林防火实际需要,充分利用卫星遥感技术和现有军用、民用航空基础设施,建立相关单位参与的航空护林协作机制,完善航空护林基础设施,并保障航空护林所需经费。

第十六条 国务院林业主管部门应当按照有关规定编制国家重大、特别重大森林火灾应急预案,报国务院批准。

县级以上地方人民政府林业主管部门应当按照有关规定编制森林火灾应急预案,报本级人民政府批准,并报上一级人民政府林业主管部门备案。

县级人民政府应当组织乡(镇)人民政府根据森林火灾应急预案制定森林火灾应急处置办法;村民委员会应当按照森林火灾应急预案和森林火灾应急处置办法的规定,协助做好森林火灾应急处置工作。

县级以上人民政府及其有关部门应当组织开展必要的森林火灾应急预案的演练。

第十七条 森林火灾应急预案应当包括下列内容:

(一)森林火灾应急组织指挥机构及其职责;

(二)森林火灾的预警、监测、信息报告和处理;

（三）森林火灾的应急响应机制和措施；

（四）资金、物资和技术等保障措施；

（五）灾后处置。

第十八条 在林区依法开办工矿企业、设立旅游区或者新建开发区的，其森林防火设施应当与该建设项目同步规划、同步设计、同步施工、同步验收；在林区成片造林的，应当同时配套建设森林防火设施。

第十九条 铁路的经营单位应当负责本单位所属林地的防火工作，并配合县级以上地方人民政府做好铁路沿线森林火灾危险地段的防火工作。

电力、电信线路和石油天然气管道的森林防火责任单位，应当在森林火灾危险地段开设防火隔离带，并组织人员进行巡护。

第二十条 森林、林木、林地的经营单位和个人应当按照林业主管部门的规定，建立森林防火责任制，划定森林防火责任区，确定森林防火责任人，并配备森林防火设施和设备。

第二十一条 地方各级人民政府和国有林业企业、事业单位应当根据实际需要，成立森林火灾专业扑救队伍；县级以上地方人民政府应当指导森林经营单位和林区的居民委员会、村民委员会、企业、事业单位建立森林火灾群众扑救队伍。专业的和群众的火灾扑救队伍应当定期进行培训和演练。

第二十二条 森林、林木、林地的经营单位配备的兼职或者专职护林员负责巡护森林，管理野外用火，及时报告火情，协助有关机关调查森林火灾案件。

第二十三条 县级以上地方人民政府应当根据本行政区域内森林资源分布状况和森林火灾发生规律，划定森林防火区，规定森林防火期，并向社会公布。

森林防火期内，各级人民政府森林防火指挥机构和森林、林木、林地的经营单位和个人，应当根据森林火险预报，采取相应的预防和应急准备措施。

第二十四条 县级以上人民政府森林防火指挥机构，应当组织有关部门对森林防火区内有关单位的森林防火组织建设、森林防火责任制落实、森林防火设施建设等情况进行检查；对检查中发现的森林火灾隐患，县级以上地方人民政府林业主管部门应当及时向有关单位下达森林火灾隐患整改通知书，责令限期整改，消除隐患。

被检查单位应当积极配合，不得阻挠、妨碍检查活动。

第二十五条 森林防火期内,禁止在森林防火区野外用火。因防治病虫鼠害、冻害等特殊情况确需野外用火的,应当经县级人民政府批准,并按照要求采取防火措施,严防失火;需要进入森林防火区进行实弹演习、爆破等活动的,应当经省、自治区、直辖市人民政府林业主管部门批准,并采取必要的防火措施;中国人民解放军和中国人民武装警察部队因处置突发事件和执行其他紧急任务需要进入森林防火区的,应当经其上级主管部门批准,并采取必要的防火措施。

第二十六条 森林防火期内,森林、林木、林地的经营单位应当设置森林防火警示宣传标志,并对进入其经营范围的人员进行森林防火安全宣传。

森林防火期内,进入森林防火区的各种机动车辆应当按照规定安装防火装置,配备灭火器材。

第二十七条 森林防火期内,经省、自治区、直辖市人民政府批准,林业主管部门、国务院确定的重点国有林区的管理机构可以设立临时性的森林防火检查站,对进入森林防火区的车辆和人员进行森林防火检查。

第二十八条 森林防火期内,预报有高温、干旱、大风等高火险天气的,县级以上地方人民政府应当划定森林高火险区,规定森林高火险期。必要时,县级以上地方人民政府可以根据需要发布命令,严禁一切野外用火;对可能引起森林火灾的居民生活用火应当严格管理。

第二十九条 森林高火险期内,进入森林高火险区的,应当经县级以上地方人民政府批准,严格按照批准的时间、地点、范围活动,并接受县级以上地方人民政府林业主管部门的监督管理。

第三十条 县级以上人民政府林业主管部门和气象主管机构应当根据森林防火需要,建设森林火险监测和预报台站,建立联合会商机制,及时制作发布森林火险预警预报信息。

气象主管机构应当无偿提供森林火险天气预报服务。广播、电视、报纸、互联网等媒体应当及时播发或者刊登森林火险天气预报。

第三章 森林火灾的扑救

第三十一条 县级以上地方人民政府应当公布森林火警电话,建立森林防火值班制度。

任何单位和个人发现森林火灾,应当立即报告。接到报告的当地人民政府或者森林防火指挥机构应当立即派人赶赴现场,调查核实,采取相应的扑救措施,并按照有关规定逐级报上级人民政府和森林防火指挥机构。

第三十二条 发生下列森林火灾,省、自治区、直辖市人民政府森林防火指挥机构应当立即报告国家森林防火指挥机构,由国家森林防火指挥机构按照规定报告国务院,并及时通报国务院有关部门:

(一)国界附近的森林火灾;

(二)重大、特别重大森林火灾;

(三)造成3人以上死亡或者10人以上重伤的森林火灾;

(四)威胁居民区或者重要设施的森林火灾;

(五)24小时尚未扑灭明火的森林火灾;

(六)未开发原始林区的森林火灾;

(七)省、自治区、直辖市交界地区危险性大的森林火灾;

(八)需要国家支援扑救的森林火灾。

本条第一款所称"以上"包括本数。

第三十三条 发生森林火灾,县级以上地方人民政府森林防火指挥机构应当按照规定立即启动森林火灾应急预案;发生重大、特别重大森林火灾,国家森林防火指挥机构应当立即启动重大、特别重大森林火灾应急预案。

森林火灾应急预案启动后,有关森林防火指挥机构应当在核实火灾准确位置、范围以及风力、风向、火势的基础上,根据火灾现场天气、地理条件,合理确定扑救方案,划分扑救地段,确定扑救责任人,并指定负责人及时到达森林火灾现场具体指挥森林火灾的扑救。

第三十四条 森林防火指挥机构应当按照森林火灾应急预案,统一组织和指挥森林火灾的扑救。

扑救森林火灾,应当坚持以人为本、科学扑救,及时疏散、撤离受火灾威胁的群众,并做好火灾扑救人员的安全防护,尽最大可能避免人员伤亡。

第三十五条 扑救森林火灾应当以专业火灾扑救队伍为主要力量;组织群众扑救队伍扑救森林火灾的,不得动员残疾人、孕妇和未成年人以及其他不适宜参加森林火灾扑救的人员参加。

第三十六条 武装警察森林部队负责执行国家赋予的森林防火任务。武装警察森林部队执行森林火灾扑救任务,应当接受火灾发生地县级以上地方人民政府森林防火指挥机构的统一指挥；执行跨省、自治区、直辖市森林火灾扑救任务的，应当接受国家森林防火指挥机构的统一指挥。

中国人民解放军执行森林火灾扑救任务的，依照《军队参加抢险救灾条例》的有关规定执行。

第三十七条 发生森林火灾，有关部门应当按照森林火灾应急预案和森林防火指挥机构的统一指挥，做好扑救森林火灾的有关工作。

气象主管机构应当及时提供火灾地区天气预报和相关信息，并根据天气条件适时开展人工增雨作业。

交通运输主管部门应当优先组织运送森林火灾扑救人员和扑救物资。

通信主管部门应当组织提供应急通信保障。

民政部门应当及时设置避难场所和救灾物资供应点，紧急转移并妥善安置灾民，开展受灾群众救助工作。

公安机关应当维护治安秩序，加强治安管理。

商务、卫生等主管部门应当做好物资供应、医疗救护和卫生防疫等工作。

第三十八条 因扑救森林火灾的需要，县级以上人民政府森林防火指挥机构可以决定采取开设防火隔离带、清除障碍物、应急取水、局部交通管制等应急措施。

因扑救森林火灾需要征用物资、设备、交通运输工具的，由县级以上人民政府决定。扑火工作结束后，应当及时返还被征用的物资、设备和交通工具，并依照有关法律规定给予补偿。

第三十九条 森林火灾扑灭后，火灾扑救队伍应当对火灾现场进行全面检查，清理余火，并留有足够人员看守火场，经当地人民政府森林防火指挥机构检查验收合格，方可撤出看守人员。

第四章 灾后处置

第四十条 按照受害森林面积和伤亡人数，森林火灾分为一般森林火灾、较大森林火灾、重大森林火灾和特别重大森林火灾：

（一）一般森林火灾：受害森林面积在 1 公顷以下或者其他林地起火的，或者死亡 1 人以上 3 人以下的，或者重伤 1 人以上 10 人以下的；

（二）较大森林火灾：受害森林面积在 1 公顷以上 100 公顷以下的，或者

死亡3人以上10人以下的,或者重伤10人以上50人以下的;

(三)重大森林火灾:受害森林面积在100公顷以上1000公顷以下的,或者死亡10人以上30人以下的,或者重伤50人以上100人以下的;

(四)特别重大森林火灾:受害森林面积在1000公顷以上的,或者死亡30人以上的,或者重伤100人以上的。

本条第一款所称"以上"包括本数,"以下"不包括本数。

第四十一条 县级以上人民政府林业主管部门应当会同有关部门及时对森林火灾发生原因、肇事者、受害森林面积和蓄积、人员伤亡、其他经济损失等情况进行调查和评估,向当地人民政府提出调查报告;当地人民政府应当根据调查报告,确定森林火灾责任单位和责任人,并依法处理。

森林火灾损失评估标准,由国务院林业主管部门会同有关部门制定。

第四十二条 县级以上地方人民政府林业主管部门应当按照有关要求对森林火灾情况进行统计,报上级人民政府林业主管部门和本级人民政府统计机构,并及时通报本级人民政府有关部门。

森林火灾统计报告表由国务院林业主管部门制定,报国家统计局备案。

第四十三条 森林火灾信息由县级以上人民政府森林防火指挥机构或者林业主管部门向社会发布。重大、特别重大森林火灾信息由国务院林业主管部门发布。

第四十四条 对因扑救森林火灾负伤、致残或者死亡的人员,按照国家有关规定给予医疗、抚恤。

第四十五条 参加森林火灾扑救的人员的误工补贴和生活补助以及扑救森林火灾所发生的其他费用,按照省、自治区、直辖市人民政府规定的标准,由火灾肇事单位或者个人支付;起火原因不清的,由起火单位支付;火灾肇事单位、个人或者起火单位确实无力支付的部分,由当地人民政府支付。误工补贴和生活补助以及扑救森林火灾所发生的其他费用,可以由当地人民政府先行支付。

第四十六条 森林火灾发生后,森林、林木、林地的经营单位和个人应当及时采取更新造林措施,恢复火烧迹地森林植被。

第五章 法律责任

第四十七条 违反本条例规定,县级以上地方人民政府及其森林防火指挥机构、县级以上人民政府林业主管部门或者其他有关部门及其工作人员，有下列行为之一的，由其上级行政机关或者监察机关责令改正；情节严重的，对直接负责的主管人员和其他直接责任人员依法给予处分；构成犯罪的，依法追究刑事责任：

（一）未按照有关规定编制森林火灾应急预案的；

（二）发现森林火灾隐患未及时下达森林火灾隐患整改通知书的；

（三）对不符合森林防火要求的野外用火或者实弹演习、爆破等活动予以批准的；

（四）瞒报、谎报或者故意拖延报告森林火灾的；

（五）未及时采取森林火灾扑救措施的；

（六）不依法履行职责的其他行为。

第四十八条　违反本条例规定，森林、林木、林地的经营单位或者个人未履行森林防火责任的，由县级以上地方人民政府林业主管部门责令改正，对个人处500元以上5000元以下罚款，对单位处1万元以上5万元以下罚款。

第四十九条　违反本条例规定，森林防火区内的有关单位或者个人拒绝接受森林防火检查或者接到森林火灾隐患整改通知书逾期不消除火灾隐患的，由县级以上地方人民政府林业主管部门责令改正，给予警告，对个人并处200元以上2000元以下罚款，对单位并处5000元以上1万元以下罚款。

第五十条　违反本条例规定，森林防火期内未经批准擅自在森林防火区内野外用火的，由县级以上地方人民政府林业主管部门责令停止违法行为，给予警告，对个人并处200元以上3000元以下罚款，对单位并处1万元以上5万元以下罚款。

第五十一条　违反本条例规定，森林防火期内未经批准在森林防火区内进行实弹演习、爆破等活动的，由县级以上地方人民政府林业主管部门责令停止违法行为，给予警告，并处5万元以上10万元以下罚款。

第五十二条　违反本条例规定，有下列行为之一的，由县级以上地方人民政府林业主管部门责令改正，给予警告，对个人并处200元以上2000元以下罚款，对单位并处2000元以上5000元以下罚款：

（一）森林防火期内，森林、林木、林地的经营单位未设置森林防火警示宣传标志的；

（二）森林防火期内，进入森林防火区的机动车辆未安装森林防火装置的；

（三）森林高火险期内，未经批准擅自进入森林高火险区活动的。

第五十三条 违反本条例规定，造成森林火灾，构成犯罪的，依法追究刑事责任；尚不构成犯罪的，除依照本条例第四十八条、第四十九条、第五十条、第五十一条、第五十二条的规定追究法律责任外，县级以上地方人民政府林业主管部门可以责令责任人补种树木。

第六章 附 则

第五十四条 森林消防专用车辆应当按照规定喷涂标志图案，安装警报器、标志灯具。

第五十五条 在中华人民共和国边境地区发生的森林火灾，按照中华人民共和国政府与有关国家政府签订的有关协定开展扑救工作；没有协定的，由中华人民共和国政府和有关国家政府协商办理。

第五十六条 本条例自2009年1月1日起施行。

中华人民共和国消防救援衔标志式样和佩带办法

（2018年11月6日国务院令第705号公布施行）

第一条 根据《中华人民共和国消防救援衔条例》的规定，制定本办法。

第二条 消防救援人员佩带的消防救援衔标志必须与所授予的消防救援衔相符。

第三条 消防救援人员的消防救援衔标志：总监、副总监、助理总监衔标志由金黄色橄榄枝环绕金黄色徽标组成,徽标由五角星、雄鹰翅膀、消防斧和消防水带构成;指挥长、指挥员衔标志由金黄色横杠和金黄色六角星花组成;高级消防员、中级消防员和初级消防员中的三级消防士、四级消防士衔标志由金黄色横杠和金黄色徽标组成,徽标由交叉斧头、水枪、紧握手腕和雄鹰翅膀构成,预备消防士衔标志为金黄色横杠。

第四条 消防救援衔标志佩带在肩章和领章上,肩章分为硬肩章、软肩章和套式肩章,硬肩章、软肩章为剑形,套式肩章、领章为四边形;肩章、领章版面为深火焰蓝色。消防救援人员着春秋常服、冬常服和常服大衣时,佩带硬肩章;着夏常服、棉大衣和作训大衣时,管理指挥人员、专业技术人员佩带软肩章,消防员佩带套式肩章;着作训服时,佩带领章。

第五条 总监衔标志缀钉一枚橄榄枝环绕一周徽标,副总监衔标志缀钉一枚橄榄枝环绕多半周徽标,助理总监衔标志缀钉一枚橄榄枝环绕小半周徽标。

指挥长衔标志缀钉二道粗横杠,高级指挥长衔标志缀钉四枚六角星花,一级指挥长衔标志缀钉三枚六角星花,二级指挥长衔标志缀钉二枚六角星花,三级指挥长衔标志缀钉一枚六角星花。

指挥员衔标志缀钉一道粗横杠,一级指挥员衔标志缀钉四枚六角星花,二级指挥员衔标志缀钉三枚六角星花,三级指挥员衔标志缀钉二枚六角星花,四级指挥员衔标志缀钉一枚六角星花。

高级消防员衔标志缀钉一枚徽标,一级消防长衔标志缀钉三粗一细四道横杠,二级消防长衔标志缀钉三道粗横杠,三级消防长衔标志缀钉二粗一细三道横杠。

中级消防员衔标志缀钉一枚徽标,一级消防士衔标志缀钉二道粗横杠,二级消防士衔标志缀钉一粗一细二道横杠。

初级消防员衔标志中,三级消防士衔标志缀钉一枚徽标和一道粗横杠,四级消防士衔标志缀钉一枚徽标和一道细横杠,预备消防士衔标志缀钉一道加粗横杠。

第六条 消防救援人员晋升或者降低消防救援衔时,由批准机关更换其消防救援衔标志;取消消防救援衔的,由批准机关收回其消防救援衔标志。

第七条 消防救援人员的消防救援衔标志由国务院应急管理部门负责制作和管理。其他单位和个人不得制作、仿造、伪造、变造和买卖、使用消防救援衔标志，也不得使用与消防救援衔标志相类似的标志。

第八条　本办法自公布之日起施行。

附图

消防救援衔等级	标志式样	消防救援衔等级	标志式样
总　监		一级消防长	
副总监		二级消防长	
助理总监		三级消防长	
高级指挥长		一级消防士	
一级指挥长		二级消防士	
二级指挥长		三级消防士	
三级指挥长		四级消防士	
一级指挥员		预备消防士	
二级指挥员			
三级指挥员	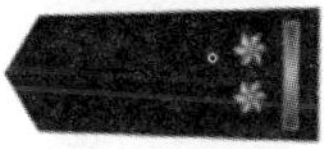		
四级指挥员			

消防救援衔等级	标志式样
总　监	
副总监	
助理总监	
高级指挥长	
一级指挥长	
二级指挥长	
三级指挥长	
一级指挥员	
二级指挥员	
三级指挥员	
四级指挥员	

消防救援衔等级	标志式样
一级消防长	
二级消防长	
三级消防长	
一级消防士	
二级消防士	
三级消防士	
四级消防士	
预备消防士	

消防救援衔等级	标志式样
一级消防长	
二级消防长	
三级消防长	
一级消防士	
二级消防士	
三级消防士	
四级消防士	
预备消防士	

国家综合性消防救援队伍
消防员招录办法

（2021 年 7 月 29 日人力资源社会保障部、应急管理部发布）

第一章 总 则

第一条 为规范国家综合性消防救援队伍消防员招录工作，建设对党忠诚、纪律严明、赴汤蹈火、竭诚为民的消防救援队伍，依据《中华人民共和国消防法》、《中华人民共和国消防救援衔条例》等法律法规，制定本办法。

第二条 消防员招录工作实行计划管理，严格招录标准，遵循公开公正、平等自愿、竞争择优的原则。

第三条 人力资源社会保障部、应急管理部主管全国消防员招录工作。应急管理部统一组织实施招录工作。

第四条 国家综合性消防救援队伍各总队联合应急管理等厅（局）成立省级消防员招录工作组织，负责招录具体工作。人力资源社会保障等厅（局）进行政策指导和提供服务。

第二章 招录条件与范围

第五条 消防员招录对象应当具备下列基本条件：

（一）具有中华人民共和国国籍；

（二）遵守宪法和法律，拥护中国共产党领导和社会主义制度；

（三）志愿加入国家综合性消防救援队伍；

（四）年龄为18周岁以上、22周岁以下；

（五）具有高中以上文化程度；

（六）身体和心理健康；

（七）具有良好的品行；

（八）法律、法规规定的其他条件。

第六条 大学专科以上学历人员、解放军和武警部队退役士兵、具有2年以上灭火救援实战经验的政府专职消防队员和政府专职林业扑火队员，年龄可以放宽至24周岁；对消防救援工作急需的特殊专业人才，经应急管理部批准年龄可以进一步放宽，原则上不超过28周岁。

第七条 消防员面向社会公开招录，主要从本省级行政区域常住人口中招录，根据需要也可以面向其他省份招录。

第三章 招录程序

第八条 各省级消防员招录工作组织根据消防员编配情况和工作需要提出招录需求，报应急管理部汇总审核，应急管理部会同人力资源社会保障部下达年度招录计划。

招录计划应当包括编制员额、在编人数、超缺编情况、拟招录数量和拟招录地区等内容。

第九条 消防员招录按照宣传动员、组织报名、资格审查、体格检查、政治考核、体能测试和岗位适应性测试、心理测试和面试、公示、录用等程序组织实施。具体顺序可以根据招录工作需要予以调整。

（一）宣传动员。统一发布消防员招录公告，通过网络、报刊、电视等，广泛开展政策咨询和宣传动员。

（二）组织报名。一般采用网上报名的方式。招录对象在规定时间内登录网上招录平台录入报名信息。

（三）资格审查。对报名信息进行网上初审，对证件证书等原件进行现场复核。

（四）体格检查。体格检查应当在指定的市级以上综合性医院进行，标准参照《应征公民体格检查标准》（陆勤人员）执行。

招录对象对体格检查结果有疑问的，经省级消防员招录工作组织同意，可以进行一次复检，体格检查结果以复检结论为准。对可以通过服用药物或者其他治疗手段影响检查结果的项目不予复检。

（五）政治考核。参照征兵政治考核要求，按照规定程序严格考核招录对象的政治面貌、宗教信仰、政治言行等，对具有《征兵政治考核工作规定》第八条、第九条所列情形的，政治考核不得通过。同时，应当对招录对象的个人基本信息、文化程度、毕业（就读）学校、主要经历、现实表现、奖惩情况以及家庭成员、主要社会关系成员的政治情况等进行全面核查了解，并审核人事档案。

（六）体能测试和岗位适应性测试。体能测试主要考察招录对象肌肉力量、肌肉耐力和柔韧素质等；岗位适应性测试主要考察招录对象协调能力、空间位置感知以及对高空、黑暗环境的心理适应度。

体能测试、岗位适应性测试项目及标准由应急管理部制定。

（七）心理测试和面试。心理测试主要考察招录对象的心理承受和自我调节能力；面试主要考察招录对象的身体形态、仪容仪表、语言表达、交流沟通能力等内容。

（八）公示。根据招录对象政治考核、体格检查、体能测试和岗位适应性测试、心理测试和面试等情况，择优提出拟录用人员名单，面向社会公示，公示时间不少于 5 个工作日。

（九）录用。公示期满，根据公示情况，确定录用人员名单。对没有问题或者反映问题不影响录用的，按照规定程序办理录用手续；对有严重问题并查有实据的，不予录用；对反映有严重问题，但一时难以查实的，暂缓录用，待查实并作出结论后再决定是否录用。

录用人员名单送人力资源社会保障等部门备案。

第十条　消防员录用后须填写《献身消防救援事业志愿书》。省级消防员招录工作组织核发《消防员入职批准书》，并调取录用人员档案。

第十一条　新录用消防员须参加为期一年的入职训练。训练期间待遇按照预备消防士（一档）标准执行。

入职训练 3 个月内，进行政治考核复查、体格检查复检、心理测试复测，不符合招录条件的，取消录用。

第十二条　消防员入职训练期满考核合格的，正式授衔定级；考核不合格，或者有其他不适宜从事消防救援工作情形的，取消录用。

第十三条　新录用消防员工作 5 年（含入职训练期）内不得辞职。非正当原因擅自离职的,此后不得再次参加消防员招录,并记入相关人员信用记录。

消防员被取消录用、擅自离职等,其人事档案按照有关规定进行转递。

第四章 纪律与监督

第十四条 消防员招录坚持信息公开、过程公开、结果公开,主动接受监督。招录工作实行回避制度,回避情形参照《事业单位人事管理回避规定》执行。

第十五条 应急管理、人力资源社会保障等部门应当认真履行职责,及时受理相关举报,按有关规定调查处理,对消防员招录过程中违纪违规的行为及时予以制止和纠正,保证招录工作公开、公平、公正。

第十六条 消防员招录单位在招录工作中有下列行为之一的,责令其限期改正;逾期不改正的,对直接负责的主管人员和其他直接责任人员依法依规给予处分:

(一)未按照招录计划组织招录的;

(二)未按照招录条件进行资格审查的;

(三)未按照规定程序组织考核选拔的;

(四)未按照规定公示拟录用人员名单的;

(五)其他应当责令改正的违纪违规行为。

第十七条 消防员招录工作人员有下列行为之一的,由相关部门给予处分,并将其调离消防员招录工作岗位,不得再从事招录工作;构成犯罪的,依法追究刑事责任:

(一)指使、纵容他人作弊,或者在考核选拔过程中参与作弊的;

(二)在保密期限内,泄露面试评分要素等应当保密的信息的;

(三)玩忽职守,造成不良影响的;

(四)其他严重违纪违规行为。

第十八条 招录对象有下列情形之一的,按照有关规定给予相应处理:

(一)伪造、涂改证件、证明等报名材料,或者以其他不正当手段获取招录资格的;

(二)提供的涉及招录资格的申请材料或者信息不实,且影响资格审查结果的;

（三）作弊、串通作弊或者参与有组织作弊的；

（四）拒绝、妨碍工作人员履行管理职责的；

（五）威胁、侮辱、诽谤、诬陷工作人员或者其他招录对象的；

（六）其他扰乱招录工作秩序的违纪违规行为。

第五章 附 则

第十九条 消防员招录所需经费，由财政分级保障。

第二十条 本办法由人力资源社会保障部、应急管理部共同负责解释。

第二十一条 本办法自颁布之日起施行。2018 年 12 月 23 日印发的《人力资源社会保障部 应急管理部关于印发〈国家综合性消防救援队伍消防员招录办法（试行）〉的通知》（人社部规〔2018〕5 号）同时废止。

附件：消防员入职批准书（略）

公共娱乐场所消防安全管理规定

（1999 年 5 月 25 日公安部令第 39 号公布施行）

第一条 为了预防火灾，保障公共安全，依据《中华人民共和国消防法》制定本规定。

第二条 本规定所称公共娱乐场所，是指向公众开放的下列室内场所：

（一）影剧院、录像厅、礼堂等演出、放映场所；

（二）舞厅、卡拉 OK 厅等歌舞娱乐场所；

（三）具有娱乐功能的夜总会、音乐茶座和餐饮场所；

（四）游艺、游乐场所；

（五）保龄球馆、旱冰场、桑拿浴室等营业性健身、休闲场所。

第三条 公共娱乐场所应当在法定代表人或者主要负责人中确定一名本单位的消防安全责任人。在消防安全责任人确定或者变更时,应当向当地公安消防机构备案。

消防安全责任人应当依照《消防法》第十四条和第十六条规定履行消防安全职责,负责检查和落实本单位防火措施、灭火预案的制定和演练以及建筑消防设施、消防通道、电源和火源管理等。

公共娱乐场所的房产所有者在与其他单位、个人发生租赁、承包等关系后,公共娱乐场所的消防安全由经营者负责。

第四条 新建、改建、扩建公共娱乐场所或者变更公共娱乐场所内部装修的,其消防设计应当符合国家有关建筑消防技术标准的规定。

第五条 新建、改建、扩建公共娱乐场所或者变更公共娱乐场所内部装修的,建设或者经营单位应当依法将消防设计图纸报送当地公安消防机构审核,经审核同意方可施工;工程竣工时,必须经公安消防机构进行消防验收;未经验收或者经验收不合格的,不得投入使用。

第六条 公众聚集的娱乐场所在使用或者开业前,必须具备消防安全条件,依法向当地公安消防机构申报检查,经消防安全检查合格后,发给《消防安全检查意见书》,方可使用或者开业。

第七条 公共娱乐场所宜设置在耐火等级不低于二级的建筑物内;已经核准设置在三级耐火等级建筑内的公共娱乐场所,应当符合特定的防火安全要求。

公共娱乐场所不得设置在文物古建筑和博物馆、图书馆建筑内,不得毗连重要仓库或者危险物品仓库;不得在居民住宅楼内改建公共娱乐场所。

公共娱乐场所与其他建筑相毗连或者附设在其他建筑物内时,应当按照独立的防火分区设置;商住楼内的公共娱乐场所与居民住宅的安全出口应当分开设置。

第八条 公共娱乐场所的内部装修设计和施工,应当符合《建筑内部装修设计防火规范》和有关建筑内部装饰装修防火管理的规定。

第九条 公共娱乐场所的安全出口数目、疏散宽度和距离,应当符合国家有关建筑设计防火规范的规定。

安全出口处不得设置门槛、台阶,疏散门应向外开启,不得采用卷帘门、转门、吊门和侧拉门,门口不得设置门帘、屏风等影响疏散的遮挡物。

公共娱乐场所在营业时必须确保安全出口和疏散通道畅通无阻,严禁将安全出口上锁、阻塞。

第十条 安全出口、疏散通道和楼梯口应当设置符合标准的灯光疏散指示标志。指示标志应当设在门的顶部、疏散通道和转角处距地面一米以下的墙面上。设在走道上的指示标志的间距不得大于二十米。

第十一条 公共娱乐场所内应当设置火灾事故应急照明灯,照明供电时间不得少于二十分钟。

第十二条 公共娱乐场所必须加强电气防火安全管理,及时消除火灾隐患。不得超负荷用电,不得擅自拉接临时电线。

第十三条 在地下建筑内设置公共娱乐场所,除符合本规定其他条款的要求外,还应当符合下列规定:

(一)只允许设在地下一层;

(二)通往地面的安全出口不应少于二个,安全出口、楼梯和走道的宽度应当符合有关建筑设计防火规范的规定;

(三)应当设置机械防烟排烟设施;

(四)应当设置火灾自动报警系统和自动喷水灭火系统;

(五)严禁使用液化石油气。

第十四条 公共娱乐场所内严禁带入和存放易燃易爆物品。

第十五条 严禁在公共娱乐场所营业时进行设备检修、电气焊、油漆粉刷等施工、维修作业。

第十六条 演出、放映场所的观众厅内禁止吸烟和明火照明。

第十七条 公共娱乐场所在营业时,不得超过额定人数。

第十八条 卡拉 OK 厅及其包房内,应当设置声音或者视像警报,保证在火灾发生初期,将各卡拉 OK 房间的画面、音响消除,播送火灾警报,引导人们安全疏散。

第十九条 公共娱乐场所应当制定防火安全管理制度,制定紧急安全疏散方案。在营业时间和营业结束后,应当指定专人进行安全巡视检查。

第二十条 公共娱乐场所应当建立全员防火安全责任制度,全体员工都应当熟知必要的消防安全知识,会报火警,会使用灭火器材,会组织人员疏散。新职工上岗前必须进行消防安全培训。

第二十一条 公共娱乐场所应当按照《建筑灭火器配置设计规范》配置灭火器材,设置报警电话,保证消防设施、设备完好有效。

第二十二条　对违反本规定的行为，依照《中华人民共和国消防法》和地方性消防法规、规章予以处罚；构成犯罪的，依法追究刑事责任。

第二十三条　本规定自发布之日起施行。1995年1月26日公安部发布的《公共娱乐场所消防安全管理规定》同时废止。

机关、团体、企业、事业单位消防安全管理规定

（2001年11月14日公安部令第61号公布
自2002年5月1日起施行）

第一章　总　　则

第一条　为了加强和规范机关、团体、企业、事业单位的消防安全管理，预防火灾和减少火灾危害，根据《中华人民共和国消防法》，制定本规定。

第二条　本规定适用于中华人民共和国境内的机关、团体、企业、事业单位（以下统称单位）自身的消防安全管理。

法律、法规另有规定的除外。

第三条　单位应当遵守消防法律、法规、规章（以下统称消防法规），贯彻预防为主、防消结合的消防工作方针，履行消防安全职责，保障消防安全。

第四条　法人单位的法定代表人或者非法人单位的主要负责人是单位的消防安全责任人，对本单位的消防安全工作全面负责。

第五条　单位应当落实逐级消防安全责任制和岗位消防安全责任制，明确逐级和岗位消防安全职责，确定各级、各岗位的消防安全责任人。

第二章 消防安全责任

第六条 单位的消防安全责任人应当履行下列消防安全职责：

（一）贯彻执行消防法规，保障单位消防安全符合规定，掌握本单位的消防安全情况；

（二）将消防工作与本单位的生产、科研、经营、管理等活动统筹安排，批准实施年度消防工作计划；

（三）为本单位的消防安全提供必要的经费和组织保障；

（四）确定逐级消防安全责任，批准实施消防安全制度和保障消防安全的操作规程；

（五）组织防火检查，督促落实火灾隐患整改，及时处理涉及消防安全的重大问题；

（六）根据消防法规的规定建立专职消防队、义务消防队；

（七）组织制定符合本单位实际的灭火和应急疏散预案，并实施演练。

第七条 单位可以根据需要确定本单位的消防安全管理人。消防安全管理人对单位的消防安全责任人负责，实施和组织落实下列消防安全管理工作：

（一）拟订年度消防工作计划，组织实施日常消防安全管理工作；

（二）组织制订消防安全制度和保障消防安全的操作规程并检查督促其落实；

（三）拟订消防安全工作的资金投入和组织保障方案；

（四）组织实施防火检查和火灾隐患整改工作；

（五）组织实施对本单位消防设施、灭火器材和消防安全标志的维护保养，确保其完好有效，确保疏散通道和安全出口畅通；

（六）组织管理专职消防队和义务消防队；

（七）在员工中组织开展消防知识、技能的宣传教育和培训，组织灭火和应急疏散预案的实施和演练；

（八）单位消防安全责任人委托的其他消防安全管理工作。

消防安全管理人应当定期向消防安全责任人报告消防安全情况，及时报告涉及消防安全的重大问题。未确定消防安全管理人的单位，前款规定的消防安全管理工作由单位消防安全责任人负责实施。

第八条 实行承包、租赁或者委托经营、管理时，产权单位应当提供符合消防安全要求的建筑物，当事人在订立的合同中依照有关规定明确各方的消防安全责任；消防车通道、涉及公共消防安全的疏散设施和其他建筑消防设施应当由产权单位或者委托管理的单位统一管理。

承包、承租或者受委托经营、管理的单位应当遵守本规定，在其使用、管理范围内履行消防安全职责。

第九条 对于有两个以上产权单位和使用单位的建筑物，各产权单位、使用单位对消防车通道、涉及公共消防安全的疏散设施和其他建筑消防设施应当明确管理责任，可以委托统一管理。

第十条 居民住宅区的物业管理单位应当在管理范围内履行下列消防安全职责：

（一）制定消防安全制度，落实消防安全责任，开展消防安全宣传教育；

（二）开展防火检查，消除火灾隐患；

（三）保障疏散通道、安全出口、消防车通道畅通；

（四）保障公共消防设施、器材以及消防安全标志完好有效。

其他物业管理单位应当对受委托管理范围内的公共消防安全管理工作负责。

第十一条 举办集会、焰火晚会、灯会等具有火灾危险的大型活动的主办单位、承办单位以及提供场地的单位，应当在订立的合同中明确各方的消防安全责任。

第十二条 建筑工程施工现场的消防安全由施工单位负责。实行施工总承包的，由总承包单位负责。分包单位向总承包单位负责，服从总承包单位对施工现场的消防安全管理。

对建筑物进行局部改建、扩建和装修的工程，建设单位应当与施工单位在订立的合同中明确各方对施工现场的消防安全责任。

第三章 消防安全管理

第十三条 下列范围的单位是消防安全重点单位，应当按照本规定的要求，实行严格管理：

（一）商场（市场）、宾馆（饭店）、体育场（馆）、会堂、公共娱乐场所等公众聚集场所（以下统称公众聚集场所）；

（二）医院、养老院和寄宿制的学校、托儿所、幼儿园；

（三）国家机关；

（四）广播电台、电视台和邮政、通信枢纽；

（五）客运车站、码头、民用机场；

（六）公共图书馆、展览馆、博物馆、档案馆以及具有火灾危险性的文物保护单位；

（七）发电厂（站）和电网经营企业；

（八）易燃易爆化学物品的生产、充装、储存、供应、销售单位；

（九）服装、制鞋等劳动密集型生产、加工企业；

（十）重要的科研单位；

（十一）其他发生火灾可能性较大以及一旦发生火灾可能造成重大人身伤亡或者财产损失的单位。

高层办公楼（写字楼）、高层公寓楼等高层公共建筑，城市地下铁道、地下观光隧道等地下公共建筑和城市重要的交通隧道，粮、棉、木材、百货等物资集中的大型仓库和堆场，国家和省级等重点工程的施工现场，应当按照本规定对消防安全重点单位的要求，实行严格管理。

第十四条　消防安全重点单位及其消防安全责任人、消防安全管理人应当报当地公安消防机构备案。

第十五条　消防安全重点单位应当设置或者确定消防工作的归口管理职能部门，并确定专职或者兼职的消防管理人员；其他单位应当确定专职或者兼职消防管理人员，可以确定消防工作的归口管理职能部门。归口管理职能部门和专兼职消防管理人员在消防安全责任人或者消防安全管理人的领导下开展消防安全管理工作。

第十六条　公众聚集场所应当在具备下列消防安全条件后，向当地公安消防机构申报进行消防安全检查，经检查合格后方可开业使用：

（一）依法办理建筑工程消防设计审核手续，并经消防验收合格；

（二）建立健全消防安全组织，消防安全责任明确；

（三）建立消防安全管理制度和保障消防安全的操作规程；

（四）员工经过消防安全培训；

（五）建筑消防设施齐全、完好有效；

（六）制定灭火和应急疏散预案。

第十七条 举办集会、焰火晚会、灯会等具有火灾危险的大型活动，主办或者承办单位应当在具备消防安全条件后，向公安消防机构申报对活动现场进行消防安全检查，经检查合格后方可举办。

第十八条 单位应当按照国家有关规定，结合本单位的特点，建立健全各项消防安全制度和保障消防安全的操作规程，并公布执行。

单位消防安全制度主要包括以下内容：消防安全教育、培训；防火巡查、检查；安全疏散设施管理；消防（控制室）值班；消防设施、器材维护管理；火灾隐患整改；用火、用电安全管理；易燃易爆危险物品和场所防火防爆；专职和义务消防队的组织管理；灭火和应急疏散预案演练；燃气和电气设备的检查和管理（包括防雷、防静电）；消防安全工作考评和奖惩；其他必要的消防安全内容。

第十九条 单位应当将容易发生火灾、一旦发生火灾可能严重危及人身和财产安全以及对消防安全有重大影响的部位确定为消防安全重点部位，设置明显的防火标志，实行严格管理。

第二十条 单位应当对动用明火实行严格的消防安全管理。禁止在具有火灾、爆炸危险的场所使用明火；因特殊情况需要进行电、气焊等明火作业的，动火部门和人员应当按照单位的用火管理制度办理审批手续，落实现场监护人，在确认无火灾、爆炸危险后方可动火施工。动火施工人员应当遵守消防安全规定，并落实相应的消防安全措施。

公众聚集场所或者两个以上单位共同使用的建筑物局部施工需要使用明火时，施工单位和使用单位应当共同采取措施，将施工区和使用区进行防火分隔，清除动火区域的易燃、可燃物，配置消防器材，专人监护，保证施工及使用范围的消防安全。

公共娱乐场所在营业期间禁止动火施工。

第二十一条 单位应当保障疏散通道、安全出口畅通，并设置符合国家规定的消防安全疏散指示标志和应急照明设施，保持防火门、防火卷帘、消防安全疏散指示标志、应急照明、机械排烟送风、火灾事故广播等设施处于正常状态。

严禁下列行为：

（一）占用疏散通道；

（二）在安全出口或者疏散通道上安装栅栏等影响疏散的障碍物；

（三）在营业、生产、教学、工作等期间将安全出口上锁、遮挡或者将消防安全疏散指示标志遮挡、覆盖；

（四）其他影响安全疏散的行为。

第二十二条　单位应当遵守国家有关规定，对易燃易爆危险物品的生产、使用、储存、销售、运输或者销毁实行严格的消防安全管理。

第二十三条　单位应当根据消防法规的有关规定，建立专职消防队、义务消防队，配备相应的消防装备、器材，并组织开展消防业务学习和灭火技能训练，提高预防和扑救火灾的能力。

第二十四条　单位发生火灾时，应当立即实施灭火和应急疏散预案，务必做到及时报警，迅速扑救火灾，及时疏散人员。邻近单位应当给予支援。任何单位、人员都应当无偿为报火警提供便利，不得阻拦报警。

单位应当为公安消防机构抢救人员、扑救火灾提供便利和条件。

火灾扑灭后，起火单位应当保护现场，接受事故调查，如实提供火灾事故的情况，协助公安消防机构调查火灾原因，核定火灾损失，查明火灾事故责任。未经公安消防机构同意，不得擅自清理灾现场。

第四章　防火检查

第二十五条　消防安全重点单位应当进行每日防火巡查，并确定巡查的人员、内容、部位和频次。其他单位可以根据需要组织防火巡查。巡查的内容应当包括：

（一）用火、用电有无违章情况；

（二）安全出口、疏散通道是否畅通，安全疏散指示标志、应急照明是否完好；

（三）消防设施、器材和消防安全标志是否在位、完整；

（四）常闭式防火门是否处于关闭状态，防火卷帘下是否堆放物品影响使用；

（五）消防安全重点部位的人员在岗情况；

（六）其他消防安全情况。

公众聚集场所在营业期间的防火巡查应当至少每二小时一次；营业结束时应当对营业现场进行检查，消除遗留火种。医院、养老院、寄宿制的学校、托儿所、幼儿园应当加强夜间防火巡查，其他消防安全重点单位可以结合实际组织夜间防火巡查。

防火巡查人员应当及时纠正违章行为，妥善处置火灾危险，无法当场处置的，应当立即报告。发现初起火灾应当立即报警并及时扑救。

防火巡查应当填写巡查记录，巡查人员及其主管人员应当在巡查记录上签名。

第二十六条 机关、团体、事业单位应当至少每季度进行一次防火检查，其他单位应当至少每月进行一次防火检查。检查的内容应当包括：

（一）火灾隐患的整改情况以及防范措施的落实情况；

（二）安全疏散通道、疏散指示标志、应急照明和安全出口情况；

（三）消防车通道、消防水源情况；

（四）灭火器材配置及有效情况；

（五）用火、用电有无违章情况；

（六）重点工种人员以及其他员工消防知识的掌握情况；

（七）消防安全重点部位的管理情况；

（八）易燃易爆危险物品和场所防火防爆措施的落实情况以及其他重要物资的防火安全情况；

（九）消防（控制室）值班情况和设施运行、记录情况；

（十）防火巡查情况；

（十一）消防安全标志的设置情况和完好、有效情况；

（十二）其他需要检查的内容。

防火检查应当填写检查记录。检查人员和被检查部门负责人应当在检查记录上签名。

第二十七条 单位应当按照建筑消防设施检查维修保养有关规定的要求，对建筑消防设施的完好有效情况进行检查和维修保养。

第二十八条 设有自动消防设施的单位，应当按照有关规定定期对其自动消防设施进行全面检查测试，并出具检测报告，存档备查。

第二十九条 单位应当按照有关规定定期对灭火器进行维护保养和维修检查。对灭火器应当建立档案资料，记明配置类型、数量、设置位置、检查维修单位(人员)、更换药剂的时间等有关情况。

第五章　火灾隐患整改

第三十条　单位对存在的火灾隐患,应当及时予以消除。

第三十一条　对下列违反消防安全规定的行为,单位应当责成有关人员当场改正并督促落实:

(一)违章进入生产、储存易燃易爆危险物品场所的;

(二)违章使用明火作业或者在具有火灾、爆炸危险的场所吸烟、使用明火等违反禁令的;

(三)将安全出口上锁、遮挡,或者占用、堆放物品影响疏散通道畅通的;

(四)消火栓、灭火器材被遮挡影响使用或者被挪作他用的;

(五)常闭式防火门处于开启状态,防火卷帘下堆放物品影响使用的;

(六)消防设施管理、值班人员和防火巡查人员脱岗的;

(七)违章关闭消防设施、切断消防电源的;

(八)其他可以当场改正的行为。

违反前款规定的情况以及改正情况应当有记录并存档备查。

第三十二条　对不能当场改正的火灾隐患,消防工作归口管理职能部门或者专兼职消防管理人员应当根据本单位的管理分工,及时将存在的火灾隐患向单位的消防安全管理人或者消防安全责任人报告,提出整改方案。消防安全管理人或者消防安全责任人应当确定整改的措施、期限以及负责整改的部门、人员,并落实整改资金。

在火灾隐患未消除之前,单位应当落实防范措施,保障消防安全。不能确保消防安全,随时可能引发火灾或者一旦发生火灾将严重危及人身安全的,应当将危险部位停产停业整改。

第三十三条　火灾隐患整改完毕,负责整改的部门或者人员应当将整改情况记录报送消防安全责任人或者消防安全管理人签字确认后存档备查。

第三十四条　对于涉及城市规划布局而不能自身解决的重大火灾隐患,以及机关、团体、事业单位确无能力解决的重大火灾隐患,单位应当提出解决方案并及时向其上级主管部门或者当地人民政府报告。

第三十五条　对公安消防机构责令限期改正的火灾隐患，单位应当在规定的期限内改正并写出火灾隐患整改复函，报送公安消防机构。

第六章　消防安全宣传教育和培训

第三十六条　单位应当通过多种形式开展经常性的消防安全宣传教育。消防安全重点单位对每名员工应当至少每年进行一次消防安全培训。宣传教育和培训内容应当包括：

（一）有关消防法规、消防安全制度和保障消防安全的操作规程；

（二）本单位、本岗位的火灾危险性和防火措施；

（三）有关消防设施的性能、灭火器材的使用方法；

（四）报火警、扑救初起火灾以及自救逃生的知识和技能。

公众聚集场所对员工的消防安全培训应当至少每半年进行一次，培训的内容还应当包括组织、引导在场群众疏散的知识和技能。

单位应当组织新上岗和进入新岗位的员工进行上岗前的消防安全培训。

第三十七条　公众聚集场所在营业、活动期间，应当通过张贴图画、广播、闭路电视等向公众宣传防火、灭火、疏散逃生等常识。

学校、幼儿园应当通过寓教于乐等多种形式对学生和幼儿进行消防安全常识教育。

第三十八条　下列人员应当接受消防安全专门培训：

（一）单位的消防安全责任人、消防安全管理人；

（二）专、兼职消防管理人员；

（三）消防控制室的值班、操作人员；

（四）其他依照规定应当接受消防安全专门培训的人员。

前款规定中的第（三）项人员应当持证上岗。

第七章　灭火、应急疏散预案和演练

第三十九条　消防安全重点单位制定的灭火和应急疏散预案应当包括下列内容：

(一)组织机构,包括:灭火行动组、通讯联络组、疏散引导组、安全防护救护组;

(二)报警和接警处置程序;

(三)应急疏散的组织程序和措施;

(四)扑救初起火灾的程序和措施;

(五)通讯联络、安全防护救护的程序和措施。

第四十条 消防安全重点单位应当按照灭火和应急疏散预案,至少每半年进行一次演练,并结合实际,不断完善预案。其他单位应当结合本单位实际,参照制定相应的应急方案,至少每年组织一次演练。

消防演练时,应当设置明显标识并事先告知演练范围内的人员。

第八章 消防档案

第四十一条 消防安全重点单位应当建立健全消防档案。消防档案应当包括消防安全基本情况和消防安全管理情况。消防档案应当详实,全面反映单位消防工作的基本情况,并附有必要的图表,根据情况变化及时更新。

单位应当对消防档案统一保管、备查。

第四十二条 消防安全基本情况应当包括以下内容:

(一)单位基本概况和消防安全重点部位情况;

(二)建筑物或者场所施工、使用或者开业前的消防设计审核、消防验收以及消防安全检查的文件、资料;

(三)消防管理组织机构和各级消防安全责任人;

(四)消防安全制度;

(五)消防设施、灭火器材情况;

(六)专职消防队、义务消防队人员及其消防装备配备情况;

(七)与消防安全有关的重点工种人员情况;

(八)新增消防产品、防火材料的合格证明材料;

(九)灭火和应急疏散预案。

第四十三条 消防安全管理情况应当包括以下内容:

(一)公安消防机构填发的各种法律文书;

（二）消防设施定期检查记录、自动消防设施全面检查测试的报告以及维修保养的记录；

（三）火灾隐患及其整改情况记录；

（四）防火检查、巡查记录；

（五）有关燃气、电气设备检测（包括防雷、防静电）等记录资料；

（六）消防安全培训记录；

（七）灭火和应急疏散预案的演练记录；

（八）火灾情况记录；

（九）消防奖惩情况记录。

前款规定中的第（二）、（三）、（四）、（五）项记录，应当记明检查的人员、时间、部位、内容、发现的火灾隐患以及处理措施等；第（六）项记录，应当记明培训的时间、参加人员、内容等；第（七）项记录，应当记明演练的时间、地点、内容、参加部门以及人员等。

第四十四条　其他单位应当将本单位的基本概况、公安消防机构填发的各种法律文书、与消防工作有关的材料和记录等统一保管备查。

第九章　奖　　惩

第四十五条　单位应当将消防安全工作纳入内部检查、考核、评比内容。对在消防安全工作中成绩突出的部门（班组）和个人，单位应当给予表彰奖励。对未依法履行消防安全职责或者违反单位消防安全制度的行为，应当依照有关规定对责任人员给予行政纪律处分或者其他处理。

第四十六条　违反本规定，依法应当给予行政处罚的，依照有关法律、法规予以处罚；构成犯罪的，依法追究刑事责任。

第十章　附　　则

第四十七条　公安消防机构对本规定的执行情况依法实施监督，并对自身滥用职权、玩忽职守、徇私舞弊的行为承担法律责任。

第四十八条　本规定自 2002 年 5 月 1 日起施行。本规定施行以前公安部发布的规章中的有关规定与本规定不一致的,以本规定为准。

高等学校消防安全管理规定

（2009年10月19日教育部、公安部令第28号公布
自2010年1月1日起施行）

第一章 总 则

第一条 为了加强和规范高等学校的消防安全管理,预防和减少火灾危害,保障师生员工生命财产和学校财产安全,根据消防法、高等教育法等法律、法规,制定本规定。

第二条 普通高等学校和成人高等学校(以下简称学校)的消防安全管理,适用本规定。

驻校内其他单位的消防安全管理,按照本规定的有关规定执行。

第三条 学校在消防安全工作中,应当遵守消防法律、法规和规章,贯彻预防为主、防消结合的方针,履行消防安全职责,保障消防安全。

第四条 学校应当落实逐级消防安全责任制和岗位消防安全责任制,明确逐级和岗位消防安全职责,确定各级、各岗位消防安全责任人。

第五条 学校应当开展消防安全教育和培训,加强消防演练,提高师生员工的消防安全意识和自救逃生技能。

第六条 学校各单位和师生员工应当依法履行保护消防设施、预防火灾、报告火警和扑救初起火灾等维护消防安全的义务。

第七条 教育行政部门依法履行对高等学校消防安全工作的管理职责,检查、指导和监督高等学校开展消防安全工作,督促高等学校建立健全并落实消防安全责任制和消防安全管理制度。

公安机关依法履行对高等学校消防安全工作的监督管理职责，加强消防监督检查，指导和监督高等学校做好消防安全工作。

第二章 消防安全责任

第八条 学校法定代表人是学校消防安全责任人，全面负责学校消防安全工作，履行下列消防安全职责：

（一）贯彻落实消防法律、法规和规章，批准实施学校消防安全责任制、学校消防安全管理制度；

（二）批准消防安全年度工作计划、年度经费预算，定期召开学校消防安全工作会议；

（三）提供消防安全经费保障和组织保障；

（四）督促开展消防安全检查和重大火灾隐患整改，及时处理涉及消防安全的重大问题；

（五）依法建立志愿消防队等多种形式的消防组织，开展群众性自防自救工作；

（六）与学校二级单位负责人签订消防安全责任书；

（七）组织制定灭火和应急疏散预案；

（八）促进消防科学研究和技术创新；

（九）法律、法规规定的其他消防安全职责。

第九条 分管学校消防安全的校领导是学校消防安全管理人，协助学校法定代表人负责消防安全工作，履行下列消防安全职责：

（一）组织制定学校消防安全管理制度，组织、实施和协调校内各单位的消防安全工作；

（二）组织制定消防安全年度工作计划；

（三）审核消防安全工作年度经费预算；

（四）组织实施消防安全检查和火灾隐患整改；

（五）督促落实消防设施、器材的维护、维修及检测，确保其完好有效，确保疏散通道、安全出口、消防车通道畅通；

（六）组织管理志愿消防队等消防组织；

（七）组织开展师生员工消防知识、技能的宣传教育和培训，组织灭火和应急疏散预案的实施和演练；

（八）协助学校消防安全责任人做好其他消防安全工作。

其他校领导在分管工作范围内对消防工作负有领导、监督、检查、教育和管理职责。

第十条 学校必须设立或者明确负责日常消防安全工作的机构（以下简称学校消防机构），配备专职消防管理人员，履行下列消防安全职责：

（一）拟订学校消防安全年度工作计划、年度经费预算，拟订学校消防安全责任制、灭火和应急疏散预案等消防安全管理制度，并报学校消防安全责任人批准后实施；

（二）监督检查校内各单位消防安全责任制的落实情况；

（三）监督检查消防设施、设备、器材的使用与管理、以及消防基础设施的运转，定期组织检验、检测和维修；

（四）确定学校消防安全重点单位（部位）并监督指导其做好消防安全工作；

（五）监督检查有关单位做好易燃易爆等危险品的储存、使用和管理工作，审批校内各单位动用明火作业；

（六）开展消防安全教育培训，组织消防演练，普及消防知识，提高师生员工的消防安全意识、扑救初起火灾和自救逃生技能；

（七）定期对志愿消防队等消防组织进行消防知识和灭火技能培训；

（八）推进消防安全技术防范工作，做好技术防范人员上岗培训工作；

（九）受理驻校内其他单位在校内和学校、校内各单位新建、扩建、改建及装饰装修工程和公众聚集场所投入使用、营业前消防行政许可或者备案手续的校内备案审查工作，督促其向公安机关消防机构进行申报，协助公安机关消防机构进行建设工程消防设计审核、消防验收或者备案以及公众聚集场所投入使用、营业前消防安全检查工作；

（十）建立健全学校消防工作档案及消防安全隐患台账；

（十一）按照工作要求上报有关信息数据；

（十二）协助公安机关消防机构调查处理火灾事故，协助有关部门做好火灾事故处理及善后工作。

第十一条 学校二级单位和其他驻校单位应当履行下列消防安全职责：

（一）落实学校的消防安全管理规定，结合本单位实际制定并落实本单位的消防安全制度和消防安全操作规程；

（二）建立本单位的消防安全责任考核、奖惩制度；

（三）开展经常性的消防安全教育、培训及演练；

（四）定期进行防火检查，做好检查记录，及时消除火灾隐患；

（五）按规定配置消防设施、器材并确保其完好有效；

（六）按规定设置安全疏散指示标志和应急照明设施，并保证疏散通道、安全出口畅通；

（七）消防控制室配备消防值班人员，制定值班岗位职责，做好监督检查工作；

（八）新建、扩建、改建及装饰装修工程报学校消防机构备案；

（九）按照规定的程序与措施处置火灾事故；

（十）学校规定的其他消防安全职责。

第十二条 校内各单位主要负责人是本单位消防安全责任人，驻校内其他单位主要负责人是该单位消防安全责任人，负责本单位的消防安全工作。

第十三条 除本规定第十一条外，学生宿舍管理部门还应当履行下列安全管理职责：

（一）建立由学生参加的志愿消防组织，定期进行消防演练；

（二）加强学生宿舍用火、用电安全教育与检查；

（三）加强夜间防火巡查，发现火灾立即组织扑救和疏散学生。

第三章 消防安全管理

第十四条 学校应当将下列单位（部位）列为学校消防安全重点单位（部位）：

（一）学生宿舍、食堂（餐厅）、教学楼、校医院、体育场（馆）、会堂（会议中心）、超市（市场）、宾馆（招待所）、托儿所、幼儿园以及其他文体活动、公共娱乐等人员密集场所；

（二）学校网络、广播电台、电视台等传媒部门和驻校内邮政、通信、金融等单位；

（三）车库、油库、加油站等部位；

（四）图书馆、展览馆、档案馆、博物馆、文物古建筑；

（五）供水、供电、供气、供热等系统；

（六）易燃易爆等危险化学物品的生产、充装、储存、供应、使用部门；

（七）实验室、计算机房、电化教学中心和承担国家重点科研项目或配备有先进精密仪器设备的部位，监控中心、消防控制中心；

（八）学校保密要害部门及部位；

（九）高层建筑及地下室、半地下室；

（十）建设工程的施工现场以及有人员居住的临时性建筑；

（十一）其他发生火灾可能性较大以及一旦发生火灾可能造成重大人身伤亡或者财产损失的单位（部位）。

重点单位和重点部位的主管部门，应当按照有关法律法规和本规定履行消防安全管理职责，设置防火标志，实行严格消防安全管理。

第十五条 在学校内举办文艺、体育、集会、招生和就业咨询等大型活动和展览，主办单位应当确定专人负责消防安全工作，明确并落实消防安全职责和措施，保证消防设施和消防器材配置齐全、完好有效，保证疏散通道、安全出口、疏散指示标志、应急照明和消防车通道符合消防技术标准和管理规定，制定灭火和应急疏散预案并组织演练，并经学校消防机构对活动现场检查合格后方可举办。

依法应当报请当地人民政府有关部门审批的，经有关部门审核同意后方可举办。

第十六条 学校应当按照国家有关规定，配置消防设施和器材，设置消防安全疏散指示标志和应急照明设施，每年组织检测维修，确保消防设施和器材完好有效。

学校应当保障疏散通道、安全出口、消防车通道畅通。

第十七条 学校进行新建、改建、扩建、装修、装饰等活动，必须严格执行消防法规和国家工程建设消防技术标准，并依法办理建设工程消防设计审核、消防验收或者备案手续。学校各项工程及驻校内各单位在校内的各项工程消防设施的招标和验收，应当有学校消防机构参加。

施工单位负责施工现场的消防安全，并接受学校消防机构的监督、检查。竣工后，建筑工程的有关图纸、资料、文件等应当报学校档案机构和消防机构备案。

第十八条　地下室、半地下室和用于生产、经营、储存易燃易爆、有毒有害等危险物品场所的建筑不得用作学生宿舍。

生产、经营、储存其他物品的场所与学生宿舍等居住场所设置在同一建筑物内的，应当符合国家工程建设消防技术标准。

学生宿舍、教室和礼堂等人员密集场所，禁止违规使用大功率电器，在门窗、阳台等部位不得设置影响逃生和灭火救援的障碍物。

第十九条　利用地下空间开设公共活动场所，应当符合国家有关规定，并报学校消防机构备案。

第二十条　学校消防控制室应当配备专职值班人员，持证上岗。

消防控制室不得挪作他用。

第二十一条　学校购买、储存、使用和销毁易燃易爆等危险品，应当按照国家有关规定严格管理、规范操作，并制定应急处置预案和防范措施。

学校对管理和操作易燃易爆等危险品的人员，上岗前必须进行培训，持证上岗。

第二十二条　学校应当对动用明火实行严格的消防安全管理。禁止在具有火灾、爆炸危险的场所吸烟、使用明火；因特殊原因确需进行电、气焊等明火作业的，动火单位和人员应当向学校消防机构申办审批手续，落实现场监管人，采取相应的消防安全措施。作业人员应当遵守消防安全规定。

第二十三条　学校内出租房屋的，当事人应当签订房屋租赁合同，明确消防安全责任。出租方负责对出租房屋的消防安全管理。学校授权的管理单位应当加强监督检查。

外来务工人员的消防安全管理由校内用人单位负责。

第二十四条　发生火灾时，学校应当及时报警并立即启动应急预案，迅速扑救初起火灾，及时疏散人员。

学校应当在火灾事故发生后两个小时内向所在地教育行政主管部门报告。较大以上火灾同时报教育部。

火灾扑灭后，事故单位应当保护现场并接受事故调查，协助公安机关消防机构调查火灾原因、统计火灾损失。未经公安机关消防机构同意，任何人不得擅自清理火灾现场。

第二十五条　学校及其重点单位应当建立健全消防档案。

消防档案应当全面反映消防安全和消防安全管理情况，并根据情况变化及时更新。

第四章　消防安全检查和整改

第二十六条　学校每季度至少进行一次消防安全检查。检查的主要内容包括：

（一）消防安全宣传教育及培训情况；

（二）消防安全制度及责任制落实情况；

（三）消防安全工作档案建立健全情况；

（四）单位防火检查及每日防火巡查落实及记录情况；

（五）火灾隐患和隐患整改及防范措施落实情况；

（六）消防设施、器材配置及完好有效情况；

（七）灭火和应急疏散预案的制定和组织消防演练情况；

（八）其他需要检查的内容。

第二十七条　学校消防安全检查应当填写检查记录，检查人员、被检查单位负责人或者相关人员应当在检查记录上签名，发现火灾隐患应当及时填发《火灾隐患整改通知书》。

第二十八条　校内各单位每月至少进行一次防火检查。检查的主要内容包括：

（一）火灾隐患和隐患整改情况以及防范措施的落实情况；

（二）疏散通道、疏散指示标志、应急照明和安全出口情况；

（三）消防车通道、消防水源情况；

（四）消防设施、器材配置及有效情况；

（五）消防安全标志设置及其完好、有效情况；

（六）用火、用电有无违章情况；

（七）重点工种人员以及其他员工消防知识掌握情况；

（八）消防安全重点单位（部位）管理情况；

（九）易燃易爆危险物品和场所防火防爆措施落实情况以及其他重要物资防火安全情况；

（十）消防（控制室）值班情况和设施、设备运行、记录情况；

（十一）防火巡查落实及记录情况；

（十二）其他需要检查的内容。

防火检查应当填写检查记录。检查人员和被检查部门负责人应当在检查记录上签名。

第二十九条 校内消防安全重点单位（部位）应当进行每日防火巡查，并确定巡查的人员、内容、部位和频次。其他单位可以根据需要组织防火巡查。巡查的内容主要包括：

（一）用火、用电有无违章情况；

（二）安全出口、疏散通道是否畅通，安全疏散指示标志、应急照明是否完好；

（三）消防设施、器材和消防安全标志是否在位、完整；

（四）常闭式防火门是否处于关闭状态，防火卷帘下是否堆放物品影响使用；

（五）消防安全重点部位的人员在岗情况；

（六）其他消防安全情况。

校医院、学生宿舍、公共教室、实验室、文物古建筑等应当加强夜间防火巡查。

防火巡查人员应当及时纠正消防违章行为，妥善处置火灾隐患，无法当场处置的，应当立即报告。发现初起火灾应当立即报警、通知人员疏散、及时扑救。

防火巡查应当填写巡查记录，巡查人员及其主管人员应当在巡查记录上签名。

第三十条 对下列违反消防安全规定的行为，检查、巡查人员应当责成有关人员改正并督促落实：

（一）消防设施、器材或者消防安全标志的配置、设置不符合国家标准、行业标准，或者未保持完好有效的；

（二）损坏、挪用或者擅自拆除、停用消防设施、器材的；

（三）占用、堵塞、封闭消防通道、安全出口的；

（四）埋压、圈占、遮挡消火栓或者占用防火间距的；

（五）占用、堵塞、封闭消防车通道，妨碍消防车通行的；

（六）人员密集场所在门窗上设置影响逃生和灭火救援的障碍物的；

（七）常闭式防火门处于开启状态，防火卷帘下堆放物品影响使用的；

（八）违章进入易燃易爆危险物品生产、储存等场所的；

（九）违章使用明火作业或者在具有火灾、爆炸危险的场所吸烟、使用明火等违反禁令的；

（十）消防设施管理、值班人员和防火巡查人员脱岗的；

（十一）对火灾隐患经公安机关消防机构通知后不及时采取措施消除的；

（十二）其他违反消防安全管理规定的行为。

第三十一条　学校对教育行政主管部门和公安机关消防机构、公安派出所指出的各类火灾隐患，应当及时予以核查、消除。

对公安机关消防机构、公安派出所责令限期改正的火灾隐患，学校应当在规定的期限内整改。

第三十二条　对不能及时消除的火灾隐患，隐患单位应当及时向学校及相关单位的消防安全责任人或者消防安全工作主管领导报告，提出整改方案，确定整改措施、期限以及负责整改的部门、人员，并落实整改资金。

火灾隐患尚未消除的，隐患单位应当落实防范措施，保障消防安全。对于随时可能引发火灾或者一旦发生火灾将严重危及人身安全的，应当将危险部位停止使用或停业整改。

第三十三条　对于涉及城市规划布局等学校无力解决的重大火灾隐患，学校应当及时向其上级主管部门或者当地人民政府报告。

第三十四条　火灾隐患整改完毕，整改单位应当将整改情况记录报送相应的消防安全工作责任人或者消防安全工作主管领导签字确认后存档备查。

第五章　消防安全教育和培训

第三十五条　学校应当将师生员工的消防安全教育和培训纳入学校消防安全年度工作计划。

消防安全教育和培训的主要内容包括：

（一）国家消防工作方针、政策，消防法律、法规；

（二）本单位、本岗位的火灾危险性，火灾预防知识和措施；

（三）有关消防设施的性能、灭火器材的使用方法；

（四）报火警、扑救初起火灾和自救互救技能；

（五）组织、引导在场人员疏散的方法。

第三十六条　学校应当采取下列措施对学生进行消防安全教育，使其了解防火、灭火知识，掌握报警、扑救初起火灾和自救、逃生方法。

（一）开展学生自救、逃生等防火安全常识的模拟演练，每学年至少组织一次学生消防演练；

（二）根据消防安全教育的需要，将消防安全知识纳入教学和培训内容；

（三）对每届新生进行不低于4学时的消防安全教育和培训；

（四）对进入实验室的学生进行必要的安全技能和操作规程培训；

（五）每学年至少举办一次消防安全专题讲座，并在校园网络、广播、校内报刊开设消防安全教育栏目。

第三十七条　学校二级单位应当组织新上岗和进入新岗位的员工进行上岗前的消防安全培训。

消防安全重点单位（部位）对员工每年至少进行一次消防安全培训。

第三十八条　下列人员应当依法接受消防安全培训：

（一）学校及各二级单位的消防安全责任人、消防安全管理人；

（二）专职消防管理人员、学生宿舍管理人员；

（三）消防控制室的值班、操作人员；

（四）其他依照规定应当接受消防安全培训的人员。

前款规定中的第（三）项人员必须持证上岗。

第六章　灭火、应急疏散预案和演练

第三十九条　学校、二级单位、消防安全重点单位（部位）应当制定相应的灭火和应急疏散预案，建立应急反应和处置机制，为火灾扑救和应急救援工作提供人员、装备等保障。

灭火和应急疏散预案应当包括以下内容：

（一）组织机构：指挥协调组、灭火行动组、通讯联络组、疏散引导组、安全防护救护组；

（二）报警和接警处置程序；

（三）应急疏散的组织程序和措施；

（四）扑救初起火灾的程序和措施；

（五）通讯联络、安全防护救护的程序和措施。

（六）其他需要明确的内容。

第四十条 学校实验室应当有针对性地制定突发事件应急处置预案，并将应急处置预案涉及到的生物、化学及易燃易爆物品的种类、性质、数量、危险性和应对措施及处置药品的名称、产地和储备等内容报学校消防机构备案。

第四十一条 校内消防安全重点单位应当按照灭火和应急疏散预案每半年至少组织一次消防演练，并结合实际，不断完善预案。

消防演练应当设置明显标识并事先告知演练范围内的人员，避免意外事故发生。

第七章 消 防 经 费

第四十二条 学校应当将消防经费纳入学校年度经费预算，保证消防经费投入，保障消防工作的需要。

第四十三条 学校日常消防经费用于校内灭火器材的配置、维修、更新，灭火和应急疏散预案的备用设施、材料，以及消防宣传教育、培训等，保证学校消防工作正常开展。

第四十四条 学校安排专项经费，用于解决火灾隐患，维修、检测、改造消防专用给水管网、消防专用供水系统、灭火系统、自动报警系统、防排烟系统、消防通讯系统、消防监控系统等消防设施。

第四十五条 消防经费使用坚持专款专用、统筹兼顾、保证重点、勤俭节约的原则。

任何单位和个人不得挤占、挪用消防经费。

第八章 奖 惩

第四十六条 学校应当将消防安全工作纳入校内评估考核内容，对在消防安全工作中成绩突出的单位和个人给予表彰奖励。

第四十七条 对未依法履行消防安全职责、违反消防安全管理制度、或者擅自挪用、损坏、破坏消防器材、设施等违反消防安全管理规定的，学校应当责令其限期整改，给予通报批评；对直接负责的主管人员和其他直接责任人员根据情节轻重给予警告等相应的处分。

前款涉及民事损失、损害的，有关责任单位和责任人应当依法承担民事责任。

第四十八条 学校违反消防安全管理规定或者发生重特大火灾的，除依据消防法的规定进行处罚外，教育行政部门应当取消其当年评优资格，并按照国家有关规定对有关主管人员和责任人员依法予以处分。

第九章 附 则

第四十九条 学校应当依据本规定，结合本校实际，制定本校消防安全管理办法。

高等学校以外的其他高等教育机构的消防安全管理，参照本规定执行。

第五十条 本规定所称学校二级单位，包括学院、系、处、所、中心等。

第五十一条 本规定自2010年1月1日起施行。

草原火灾级别划分规定

（2010年4月20日 农牧发〔2010〕7号）

第一条 为保障草原火灾的科学预防、扑救指挥及灾后处置，规范草原火灾统计报告划分级别，根据《中华人民共和国草原法》、《草原防火条例》有关规定，制定本规定。

第二条 发生草原火灾后，有关地方人民政府草原防火主管部门，应对受害草原面积、受灾畜禽种类和数量、受灾珍稀野生动植物种类和数量、人员伤亡、扑救支出、物资消耗及其他经济损失等情况进行统计,对草原火灾给城乡居民生活、工农业生产和生态环境造成的影响进行评估。

第三条 根据受害草原面积、伤亡人数和经济损失,将草原火灾划分为特别重大(Ⅰ级)、重大(Ⅱ级)、较大(Ⅲ级)、一般(Ⅳ级)草原火灾四个等级。

第四条 具体划分标准:

(一)特别重大(Ⅰ级)草原火灾

符合下列条件之一:

1. 受害草原面积8000公顷以上的;

2. 造成死亡10人以上,或造成死亡和重伤合计20人以上的;

3. 直接经济损失500万元以上的。

(二)重大(Ⅱ级)草原火灾

符合下列条件之一:

1. 受害草原面积5000公顷以上8000公顷以下的;

2. 造成死亡3人以上10人以下,或造成死亡和重伤合计10人以上20人以下的;

3. 直接经济损失300万元以上500万元以下的。

(三)较大(Ⅲ级)草原火灾

符合下列条件之一:

1. 受害草原面积1000公顷以上5000公顷以下的;

2. 造成死亡3人以下,或造成重伤3人以上10人以下的;

3. 直接经济损失50万元以上300万元以下的。

(四)一般(Ⅳ级)草原火灾

符合下列条件之一:

1. 受害草原面积10公顷以上1000公顷以下的;

2. 造成重伤1人以上3人以下的;

3. 直接经济损失5000元以上50万元以下的。

本条表述中,“以上”含本数,“以下”不含本数。

第五条 直接经济损失是指因草原火灾直接烧毁的草原牧草(饲草料)、牲畜、建设设施、棚圈、家产和其他财物损失(按火灾发生时市场价折算）。

第六条　本规定由农业部草原防火指挥部办公室负责解释。

第七条　本规定自发布之日起实行。

消防监督检查规定

（2009年4月30日公安部令第107号公布　根据2012年7月17日公安部令第120号《关于修改〈消防监督检查规定〉的决定》修订）

第一章　总　　则

第一条　为了加强和规范消防监督检查工作，督促机关、团体、企业、事业等单位（以下简称单位）履行消防安全职责，依据《中华人民共和国消防法》，制定本规定。

第二条　本规定适用于公安机关消防机构和公安派出所依法对单位遵守消防法律、法规情况进行消防监督检查。

第三条　直辖市、市（地区、州、盟）、县（市辖区、县级市、旗）公安机关消防机构具体实施消防监督检查，确定本辖区内的消防安全重点单位并由所属公安机关报本级人民政府备案。

公安派出所可以对居民住宅区的物业服务企业、居民委员会、村民委员会履行消防安全职责的情况和上级公安机关确定的单位实施日常消防监督检查。

公安派出所日常消防监督检查的单位范围由省级公安机关消防机构、公安派出所工作主管部门共同研究拟定，报省级公安机关确定。

第四条　上级公安机关消防机构应当对下级公安机关消防机构实施消防监督检查的情况进行指导和监督。

公安机关消防机构应当与公安派出所共同做好辖区消防监督工作，并对公安派出所开展日常消防监督检查工作进行指导，定期对公安派出所民警进行消防监督业务培训。

第五条　对消防监督检查的结果，公安机关消防机构可以通过适当方式向社会公告；对检查发现的影响公共安全的火灾隐患应当定期公布，提示公众注意消防安全。

第二章　消防监督检查的形式和内容

第六条　消防监督检查的形式有：

（一）对公众聚集场所在投入使用、营业前的消防安全检查；

（二）对单位履行法定消防安全职责情况的监督抽查；

（三）对举报投诉的消防安全违法行为的核查；

（四）对大型群众性活动举办前的消防安全检查；

（五）根据需要进行的其他消防监督检查。

第七条　公安机关消防机构根据本地区火灾规律、特点等消防安全需要组织监督抽查；在火灾多发季节，重大节日、重大活动前或者期间，应当组织监督抽查。

消防安全重点单位应当作为监督抽查的重点，非消防安全重点单位必须在监督抽查的单位数量中占有一定比例。对属于人员密集场所的消防安全重点单位每年至少监督检查一次。

第八条　公众聚集场所在投入使用、营业前，建设单位或者使用单位应当向场所所在地的县级以上人民政府公安机关消防机构申请消防安全检查，并提交下列材料：

（一）消防安全检查申报表；

（二）营业执照复印件或者工商行政管理机关出具的企业名称预先核准通知书；

（三）依法取得的建设工程消防验收或者进行竣工验收消防备案的法律文件复印件；

（四）消防安全制度、灭火和应急疏散预案、场所平面布置图；

（五）员工岗前消防安全教育培训记录和自动消防系统操作人员取得的消防行业特有工种职业资格证书复印件；

（六）法律、行政法规规定的其他材料。

依照《建设工程消防监督管理规定》不需要进行竣工验收消防备案的公众聚集场所申请消防安全检查的，还应当提交场所室内装修消防设计施工图、消防产品质量合格证明文件，以及装修材料防火性能符合消防技术标准的证明文件、出厂合格证。

公安机关消防机构对消防安全检查的申请，应当按照行政许可有关规定受理。

第九条 对公众聚集场所投入使用、营业前进行消防安全检查，应当检查下列内容：

（一）建筑物或者场所是否依法通过消防验收合格或者进行竣工验收消防备案抽查合格；依法进行竣工验收消防备案但没有进行备案抽查的建筑物或者场所是否符合消防技术标准；

（二）消防安全制度、灭火和应急疏散预案是否制定；

（三）自动消防系统操作人员是否持证上岗，员工是否经过岗前消防安全培训；

（四）消防设施、器材是否符合消防技术标准并完好有效；

（五）疏散通道、安全出口和消防车通道是否畅通；

（六）室内装修材料是否符合消防技术标准；

（七）外墙门窗上是否设置影响逃生和灭火救援的障碍物。

第十条 对单位履行法定消防安全职责情况的监督抽查，应当根据单位的实际情况检查下列内容：

（一）建筑物或者场所是否依法通过消防验收或者进行竣工验收消防备案，公众聚集场所是否通过投入使用、营业前的消防安全检查；

（二）建筑物或者场所的使用情况是否与消防验收或者进行竣工验收消防备案时确定的使用性质相符；

（三）消防安全制度、灭火和应急疏散预案是否制定；

（四）消防设施、器材和消防安全标志是否定期组织维修保养，是否完好有效；

（五）电器线路、燃气管路是否定期维护保养、检测；

（六）疏散通道、安全出口、消防车通道是否畅通，防火分区是否改变，防火间距是否被占用；

（七）是否组织防火检查、消防演练和员工消防安全教育培训，自动消防系统操作人员是否持证上岗；

（八）生产、储存、经营易燃易爆危险品的场所是否与居住场所设置在同一建筑物内；

（九）生产、储存、经营其他物品的场所与居住场所设置在同一建筑物内的，是否符合消防技术标准；

（十）其他依法需要检查的内容。

对人员密集场所还应当抽查室内装修材料是否符合消防技术标准、外墙门窗上是否设置影响逃生和灭火救援的障碍物。

第十一条 对消防安全重点单位履行法定消防安全职责情况的监督抽查，除检查本规定第十条规定的内容外，还应当检查下列内容：

（一）是否确定消防安全管理人；

（二）是否开展每日防火巡查并建立巡查记录；

（三）是否定期组织消防安全培训和消防演练；

（四）是否建立消防档案、确定消防安全重点部位。

对属于人员密集场所的消防安全重点单位，还应当检查单位灭火和应急疏散预案中承担灭火和组织疏散任务的人员是否确定。

第十二条 在大型群众性活动举办前对活动现场进行消防安全检查，应当重点检查下列内容：

（一）室内活动使用的建筑物（场所）是否依法通过消防验收或者进行竣工验收消防备案，公众聚集场所是否通过使用、营业前的消防安全检查；

（二）临时搭建的建筑物是否符合消防安全要求；

（三）是否制定灭火和应急疏散预案并组织演练；

（四）是否明确消防安全责任分工并确定消防安全管理人员；

（五）活动现场消防设施、器材是否配备齐全并完好有效；

（六）活动现场的疏散通道、安全出口和消防车通道是否畅通；

（七）活动现场的疏散指示标志和应急照明是否符合消防技术标准并完好有效。

第十三条 对大型的人员密集场所和其他特殊建设工程的施工现场进

行消防监督检查,应当重点检查施工单位履行下列消防安全职责的情况:

（一）是否明确施工现场消防安全管理人员,是否制定施工现场消防安全制度、灭火和应急疏散预案;

（二）在建工程内是否设置人员住宿、可燃材料及易燃易爆危险品储存等场所;

（三）是否设置临时消防给水系统、临时消防应急照明,是否配备消防器材,并确保完好有效;

（四）是否设有消防车通道并畅通;

（五）是否组织员工消防安全教育培训和消防演练;

（六）施工现场人员宿舍、办公用房的建筑构件燃烧性能、安全疏散是否符合消防技术标准。

第三章　消防监督检查的程序

第十四条　公安机关消防机构实施消防监督检查时,检查人员不得少于两人,并出示执法身份证件。

消防监督检查应当填写检查记录,如实记录检查情况。

第十五条　对公众聚集场所投入使用、营业前的消防安全检查,公安机关消防机构应当自受理申请之日起十个工作日内进行检查,自检查之日起三个工作日内作出同意或者不同意投入使用或者营业的决定,并送达申请人。

第十六条　对大型群众性活动现场在举办前进行的消防安全检查,公安机关消防机构应当在接到本级公安机关治安部门书面通知之日起三个工作日内进行检查,并将检查记录移交本级公安机关治安部门。

第十七条　公安机关消防机构接到对消防安全违法行为的举报投诉,应当及时受理、登记,并按照《公安机关办理行政案件程序规定》的相关规定处理。

第十八条　公安机关消防机构应当按照下列时限,对举报投诉的消防安全违法行为进行实地核查:

（一）对举报投诉占用、堵塞、封闭疏散通道、安全出口或者其他妨碍安全疏散行为,以及擅自停用消防设施的,应当在接到举报投诉后二十四小时内进行核查;

（二）对举报投诉本款第一项以外的消防安全违法行为，应当在接到举报投诉之日起三个工作日内进行核查。

核查后，对消防安全违法行为应当依法处理。处理情况应当及时告知举报投诉人；无法告知的，应当在受理登记中注明。

第十九条 在消防监督检查中，公安机关消防机构对发现的依法应当责令立即改正的消防安全违法行为，应当当场制作、送达责令立即改正通知书，并依法予以处罚；对依法应当责令限期改正的，应当自检查之日起三个工作日内制作、送达责令限期改正通知书，并依法予以处罚。

对违法行为轻微并当场改正完毕，依法可以不予行政处罚的，可以口头责令改正，并在检查记录上注明。

第二十条 对依法责令限期改正的，应当根据改正违法行为的难易程度合理确定改正期限。

公安机关消防机构应当在责令限期改正期限届满或者收到当事人的复查申请之日起三个工作日内进行复查。对逾期不改正的，依法予以处罚。

第二十一条 在消防监督检查中，发现城乡消防安全布局、公共消防设施不符合消防安全要求，或者发现本地区存在影响公共安全的重大火灾隐患的，公安机关消防机构应当组织集体研究确定，自检查之日起七个工作日内提出处理意见，由所属公安机关书面报告本级人民政府解决；对影响公共安全的重大火灾隐患，还应当在确定之日起三个工作日内制作、送达重大火灾隐患整改通知书。

重大火灾隐患判定涉及复杂或者疑难技术问题的，公安机关消防机构应当在确定前组织专家论证。组织专家论证的，前款规定的期限可以延长十个工作日。

第二十二条 公安机关消防机构在消防监督检查中发现火灾隐患，应当通知有关单位或者个人立即采取措施消除；对具有下列情形之一，不及时消除可能严重威胁公共安全的，应当对危险部位或者场所予以临时查封：

（一）疏散通道、安全出口数量不足或者严重堵塞，已不具备安全疏散条件的；

（二）建筑消防设施严重损坏，不再具备防火灭火功能的；

（三）人员密集场所违反消防安全规定，使用、储存易燃易爆危险品的；

（四）公众聚集场所违反消防技术标准，采用易燃、可燃材料装修，可能导致重大人员伤亡的；

（五）其他可能严重威胁公共安全的火灾隐患。

临时查封期限不得超过三十日。临时查封期限届满后，当事人仍未消除火灾隐患的，公安机关消防机构可以再次依法予以临时查封。

第二十三条 临时查封应当由公安机关消防机构负责人组织集体研究决定。决定临时查封的，应当研究确定查封危险部位或者场所的范围、期限和实施方法，并自检查之日起三个工作日内制作、送达临时查封决定书。

情况紧急、不当场查封可能严重威胁公共安全的，消防监督检查人员可以在口头报请公安机关消防机构负责人同意后当场对危险部位或者场所实施临时查封，并在临时查封后二十四小时内由公安机关消防机构负责人组织集体研究，制作、送达临时查封决定书。经集体研究认为不应当采取临时查封措施的，应当立即解除。

第二十四条 临时查封由公安机关消防机构负责人组织实施。需要公安机关其他部门或者公安派出所配合的，公安机关消防机构应当报请所属公安机关组织实施。

实施临时查封应当遵守下列规定：

（一）实施临时查封时，通知当事人到场，当场告知当事人采取临时查封的理由、依据以及当事人依法享有的权利、救济途径，听取当事人的陈述和申辩；

（二）当事人不到场的，邀请见证人到场，由见证人和消防监督检查人员在现场笔录上签名或者盖章；

（三）在危险部位或者场所及其有关设施、设备上加贴封条或者采取其他措施，使危险部位或者场所停止生产、经营或者使用；

（四）对实施临时查封情况制作现场笔录，必要时，可以进行现场照相或者录音录像。

实施临时查封后，当事人请求进入被查封的危险部位或者场所整改火灾隐患的，应当允许。但不得在被查封的危险部位或者场所生产、经营或者使用。

第二十五条 火灾隐患消除后，当事人应当向作出临时查封决定的公安机关消防机构申请解除临时查封。公安机关消防机构应当自收到申请之日起三个工作日内进行检查，自检查之日起三个工作日内作出是否同意解除临时查封的决定,并送达当事人。

对检查确认火灾隐患已消除的,应当作出解除临时查封的决定。

第二十六条 对当事人有《中华人民共和国消防法》第六十条第一款第三项、第四项、第五项、第六项规定的消防安全违法行为,经责令改正拒不改正的,公安机关消防机构应当按照《中华人民共和国行政强制法》第五十一条、第五十二条的规定组织强制清除或者拆除相关障碍物、妨碍物,所需费用由违法行为人承担。

第二十七条 当事人不执行公安机关消防机构作出的停产停业、停止使用、停止施工决定的,作出决定的公安机关消防机构应当自履行期限届满之日起三个工作日内催告当事人履行义务。当事人收到催告书后有权进行陈述和申辩。公安机关消防机构应当充分听取当事人的意见,记录、复核当事人提出的事实、理由和证据。当事人提出的事实、理由或者证据成立的,应当采纳。

经催告,当事人逾期仍不履行义务且无正当理由的,公安机关消防机构负责人应当组织集体研究强制执行方案,确定执行的方式和时间。强制执行决定书应当自决定之日起三个工作日内制作、送达当事人。

第二十八条 强制执行由作出决定的公安机关消防机构负责人组织实施。需要公安机关其他部门或者公安派出所配合的,公安机关消防机构应当报请所属公安机关组织实施;需要其他行政部门配合的,公安机关消防机构应当提出意见,并由所属公安机关报请本级人民政府组织实施。

实施强制执行应当遵守下列规定:

(一)实施强制执行时,通知当事人到场,当场向当事人宣读强制执行决定,听取当事人的陈述和申辩;

(二)当事人不到场的,邀请见证人到场,由见证人和消防监督检查人员在现场笔录上签名或者盖章;

(三)对实施强制执行过程制作现场笔录,必要时,可以进行现场照相或者录音录像;

(四)除情况紧急外,不得在夜间或者法定节假日实施强制执行;

(五)不得对居民生活采取停止供水、供电、供热、供燃气等方式迫使当事人履行义务。

有《中华人民共和国行政强制法》第三十九条、第四十条规定的情形之一的,中止执行或者终结执行。

第二十九条　对被责令停止施工、停止使用、停产停业处罚的当事人申请恢复施工、使用、生产、经营的,公安机关消防机构应当自收到书面申请之日起三个工作日内进行检查,自检查之日起三个工作日内作出决定,送达当事人。

对当事人已改正消防安全违法行为、具备消防安全条件的,公安机关消防机构应当同意恢复施工、使用、生产、经营;对违法行为尚未改正、不具备消防安全条件的,应当不同意恢复施工、使用、生产、经营,并说明理由。

第四章　公安派出所日常消防监督检查

第三十条　公安派出所对其日常监督检查范围的单位,应当每年至少进行一次日常消防监督检查。

公安派出所对群众举报投诉的消防安全违法行为,应当及时受理,依法处理;对属于公安机关消防机构管辖的,应当依照《公安机关办理行政案件程序规定》在受理后及时移送公安机关消防机构处理。

第三十一条　公安派出所对单位进行日常消防监督检查,应当检查下列内容:

(一)建筑物或者场所是否依法通过消防验收或者进行竣工验收消防备案,公众聚集场所是否依法通过投入使用、营业前的消防安全检查;

(二)是否制定消防安全制度;

(三)是否组织防火检查、消防安全宣传教育培训、灭火和应急疏散演练;

(四)消防车通道、疏散通道、安全出口是否畅通,室内消火栓、疏散指示标志、应急照明、灭火器是否完好有效;

(五)生产、储存、经营易燃易爆危险品的场所是否与居住场所设置在同一建筑物内。

对设有建筑消防设施的单位,公安派出所还应当检查单位是否对建筑消防设施定期组织维修保养。

对居民住宅区的物业服务企业进行日常消防监督检查,公安派出所除检查本条第一款第(二)至(四)项内容外,还应当检查物业服务企业对管理区域内共用消防设施是否进行维护管理。

第三十二条　公安派出所对居民委员会、村民委员会进行日常消防监督检查,应当检查下列内容:

(一)消防安全管理人是否确定;

(二)消防安全工作制度、村(居)民防火安全公约是否制定;

(三)是否开展消防宣传教育、防火安全检查;

(四)是否对社区、村庄消防水源(消火栓)、消防车通道、消防器材进行维护管理;

(五)是否建立志愿消防队等多种形式消防组织。

第三十三条　公安派出所民警在日常消防监督检查时,发现被检查单位有下列行为之一的,应当责令依法改正:

(一)未制定消防安全制度、未组织防火检查和消防安全教育培训、消防演练的;

(二)占用、堵塞、封闭疏散通道、安全出口的;

(三)占用、堵塞、封闭消防车通道,妨碍消防车通行的;

(四)埋压、圈占、遮挡消火栓或者占用防火间距的;

(五)室内消火栓、灭火器、疏散指示标志和应急照明未保持完好有效的;

(六)人员密集场所在外墙门窗上设置影响逃生和灭火救援的障碍物的;

(七)违反消防安全规定进入生产、储存易燃易爆危险品场所的;

(八)违反规定使用明火作业或者在具有火灾、爆炸危险的场所吸烟、使用明火的;

(九)生产、储存和经营易燃易爆危险品的场所与居住场所设置在同一建筑物内的;

(十)未对建筑消防设施定期组织维修保养的。

公安派出所发现被检查单位的建筑物未依法通过消防验收,或者进行竣工验收消防备案,擅自投入使用的;公众聚集场所未依法通过使用、营业前的消防安全检查,擅自使用、营业的,应当在检查之日起五个工作日内书面移交公安机关消防机构处理。

公安派出所民警进行日常消防监督检查，应当填写检查记录，记录发现的消防安全违法行为、责令改正的情况。

第三十四条　公安派出所在日常消防监督检查中，发现存在严重威胁公共安全的火灾隐患，应当在责令改正的同时书面报告乡镇人民政府或者街道办事处和公安机关消防机构。

第五章　执法监督

第三十五条　公安机关消防机构应当健全消防监督检查工作制度，建立执法档案，定期进行执法质量考评，落实执法过错责任追究。

公安机关消防机构及其工作人员进行消防监督检查，应当自觉接受单位和公民的监督。

第三十六条　公安机关消防机构及其工作人员在消防监督检查中有下列情形的，对直接负责的主管人员和其他直接责任人员应当依法给予处分；构成犯罪的，依法追究刑事责任：

（一）不按规定制作、送达法律文书，不按照本规定履行消防监督检查职责，拒不改正的；

（二）对不符合消防安全条件的公众聚集场所准予消防安全检查合格的；

（三）无故拖延消防安全检查，不在法定期限内履行职责的；

（四）未按照本规定组织开展消防监督抽查的；

（五）发现火灾隐患不及时通知有关单位或者个人整改的；

（六）利用消防监督检查职权为用户指定消防产品的品牌、销售单位或者指定消防技术服务机构、消防设施施工、维修保养单位的；

（七）接受被检查单位、个人财物或者其他不正当利益的；

（八）其他滥用职权、玩忽职守、徇私舞弊的行为。

第三十七条　公安机关消防机构工作人员的近亲属严禁在其管辖的区域或者业务范围内经营消防公司、承揽消防工程、推销消防产品。

违反前款规定的，按照有关规定对公安机关消防机构工作人员予以处分。

第六章 附 则

第三十八条 具有下列情形之一的,应当确定为火灾隐患:

(一)影响人员安全疏散或者灭火救援行动,不能立即改正的;

(二)消防设施未保持完好有效,影响防火灭火功能的;

(三)擅自改变防火分区,容易导致火势蔓延、扩大的;

(四)在人员密集场所违反消防安全规定,使用、储存易燃易爆危险品,不能立即改正的;

(五)不符合城市消防安全布局要求,影响公共安全的;

(六)其他可能增加火灾实质危险性或者危害性的情形。

重大火灾隐患按照国家有关标准认定。

第三十九条 有固定生产经营场所且具有一定规模的个体工商户,应当纳入消防监督检查范围。具体标准由省、自治区、直辖市公安机关消防机构确定并公告。

第四十条 铁路、港航、民航公安机关和国有林区的森林公安机关在管辖范围内实施消防监督检查参照本规定执行。

第四十一条 执行本规定所需要的法律文书式样,由公安部制定。

第四十二条 本规定自 2009 年 5 月 1 日起施行。2004 年 6 月 9 日发布的《消防监督检查规定》(公安部令第 73 号)同时废止。

火灾事故调查规定

（2009年4月30日公安部令第108号公布　根据2012年7月17日公安部令第121号《关于修改〈火灾事故调查规定〉的决定》修订）

第一章　总　　则

第一条　为了规范火灾事故调查，保障公安机关消防机构依法履行职责，保护火灾当事人的合法权益，根据《中华人民共和国消防法》，制定本规定。

第二条　公安机关消防机构调查火灾事故，适用本规定。

第三条　火灾事故调查的任务是调查火灾原因，统计火灾损失，依法对火灾事故作出处理，总结火灾教训。

第四条　火灾事故调查应当坚持及时、客观、公正、合法的原则。

任何单位和个人不得妨碍和非法干预火灾事故调查。

第二章　管　　辖

第五条　火灾事故调查由县级以上人民政府公安机关主管，并由本级公安机关消防机构实施；尚未设立公安机关消防机构的，由县级人民政府公安机关实施。

公安派出所应当协助公安机关火灾事故调查部门维护火灾现场秩序，保护现场，控制火灾肇事嫌疑人。

铁路、港航、民航公安机关和国有林区的森林公安机关消防机构负责调查其消防监督范围内发生的火灾。

第六条 火灾事故调查由火灾发生地公安机关消防机构按照下列分工进行:

(一)一次火灾死亡十人以上的,重伤二十人以上或者死亡、重伤二十人以上的,受灾五十户以上的,由省、自治区人民政府公安机关消防机构负责组织调查;

(二)一次火灾死亡一人以上的,重伤十人以上的,受灾三十户以上的,由设区的市或者相当于同级的人民政府公安机关消防机构负责组织调查;

(三)一次火灾重伤十人以下或者受灾三十户以下的,由县级人民政府公安机关消防机构负责调查。

直辖市人民政府公安机关消防机构负责组织调查一次火灾死亡三人以上的,重伤二十人以上或者死亡、重伤二十人以上的,受灾五十户以上的火灾事故,直辖市的区、县级人民政府公安机关消防机构负责调查其他火灾事故。

仅有财产损失的火灾事故调查,由省级人民政府公安机关结合本地实际作出管辖规定,报公安部备案。

第七条 跨行政区域的火灾,由最先起火地的公安机关消防机构按照本规定第六条的分工负责调查,相关行政区域的公安机关消防机构予以协助。

对管辖权发生争议的,报请共同的上一级公安机关消防机构指定管辖。县级人民政府公安机关负责实施的火灾事故调查管辖权发生争议的,由共同的上一级主管公安机关指定。

第八条 上级公安机关消防机构应当对下级公安机关消防机构火灾事故调查工作进行监督和指导。

上级公安机关消防机构认为必要时,可以调查下级公安机关消防机构管辖的火灾。

第九条 公安机关消防机构接到火灾报警,应当及时派员赶赴现场,并指派火灾事故调查人员开展火灾事故调查工作。

第十条 具有下列情形之一的,公安机关消防机构应当立即报告主管公安机关通知具有管辖权的公安机关刑侦部门,公安机关刑侦部门接到通知后应当立即派员赶赴现场参加调查;涉嫌放火罪的,公安机关刑侦部门应当依法立案侦查，公安机关消防机构予以协助：

（一）有人员死亡的火灾；

（二）国家机关、广播电台、电视台、学校、医院、养老院、托儿所、幼儿园、文物保护单位、邮政和通信、交通枢纽等部门和单位发生的社会影响大的火灾；

（三）具有放火嫌疑的火灾。

第十一条 军事设施发生火灾需要公安机关消防机构协助调查的，由省级人民政府公安机关消防机构或者公安部消防局调派火灾事故调查专家协助。

第三章 简易程序

第十二条 同时具有下列情形的火灾，可以适用简易调查程序：

（一）没有人员伤亡的；

（二）直接财产损失轻微的；

（三）当事人对火灾事故事实没有异议的；

（四）没有放火嫌疑的。

前款第二项的具体标准由省级人民政府公安机关确定，报公安部备案。

第十三条 适用简易调查程序的，可以由一名火灾事故调查人员调查，并按照下列程序实施：

（一）表明执法身份，说明调查依据；

（二）调查走访当事人、证人，了解火灾发生过程、火灾烧损的主要物品及建筑物受损等与火灾有关的情况；

（三）查看火灾现场并进行照相或者录像；

（四）告知当事人调查的火灾事故事实，听取当事人的意见，当事人提出的事实、理由或者证据成立的，应当采纳；

（五）当场制作火灾事故简易调查认定书，由火灾事故调查人员、当事人签字或者捺指印后交付当事人。

火灾事故调查人员应当在二日内将火灾事故简易调查认定书报所属公安机关消防机构备案。

第四章　一般程序

第一节　一般规定

第十四条　除依照本规定适用简易调查程序的外，公安机关消防机构对火灾进行调查时，火灾事故调查人员不得少于两人。必要时，可以聘请专家或者专业人员协助调查。

第十五条　公安部和省级人民政府公安机关应当成立火灾事故调查专家组，协助调查复杂、疑难的火灾。专家组的专家协助调查火灾的，应当出具专家意见。

第十六条　火灾发生地的县级公安机关消防机构应当根据火灾现场情况，排除现场险情，保障现场调查人员的安全，并初步划定现场封闭范围，设置警戒标志，禁止无关人员进入现场，控制火灾肇事嫌疑人。

公安机关消防机构应当根据火灾事故调查需要，及时调整现场封闭范围，并在现场勘验结束后及时解除现场封闭。

第十七条　封闭火灾现场的，公安机关消防机构应当在火灾现场对封闭的范围、时间和要求等予以公告。

第十八条　公安机关消防机构应当自接到火灾报警之日起三十日内作出火灾事故认定；情况复杂、疑难的，经上一级公安机关消防机构批准，可以延长三十日。

火灾事故调查中需要进行检验、鉴定的，检验、鉴定时间不计入调查期限。

第二节　现场调查

第十九条　火灾事故调查人员应当根据调查需要，对发现、扑救火灾人员，熟悉起火场所、部位和生产工艺人员，火灾肇事嫌疑人和被侵害人等知情人员进行询问。对火灾肇事嫌疑人可以依法传唤。必要时，可以要求被询问人到火灾现场进行指认。

询问应当制作笔录,由火灾事故调查人员和被询问人签名或者捺指印。被询问人拒绝签名和捺指印的,应当在笔录中注明。

第二十条 勘验火灾现场应当遵循火灾现场勘验规则,采取现场照相或者录像、录音,制作现场勘验笔录和绘制现场图等方法记录现场情况。

对有人员死亡的火灾现场进行勘验的,火灾事故调查人员应当对尸体表面进行观察并记录,对尸体在火灾现场的位置进行调查。

现场勘验笔录应当由火灾事故调查人员、证人或者当事人签名。证人、当事人拒绝签名或者无法签名的,应当在现场勘验笔录上注明。现场图应当由制图人、审核人签字。

第二十一条 现场提取痕迹、物品,应当按照下列程序实施:

(一)量取痕迹、物品的位置、尺寸,并进行照相或者录像;

(二)填写火灾痕迹、物品提取清单,由提取人、证人或者当事人签名;证人、当事人拒绝签名或者无法签名的,应当在清单上注明;

(三)封装痕迹、物品,粘贴标签,标明火灾名称和封装痕迹、物品的名称、编号及其提取时间,由封装人、证人或者当事人签名;证人、当事人拒绝签名或者无法签名的,应当在标签上注明。

提取的痕迹、物品,应当妥善保管。

第二十二条 根据调查需要,经负责火灾事故调查的公安机关消防机构负责人批准,可以进行现场实验。现场实验应当照相或者录像,制作现场实验报告,并由实验人员签字。现场实验报告应当载明下列事项:

(一)实验的目的;

(二)实验时间、环境和地点;

(三)实验使用的仪器或者物品;

(四)实验过程;

(五)实验结果;

(六)其他与现场实验有关的事项。

第三节 检验、鉴定

第二十三条 现场提取的痕迹、物品需要进行专门性技术鉴定的,公安机关消防机构应当委托依法设立的鉴定机构进行，并与鉴定机构约定鉴定期限和鉴定检材的保管期限。

公安机关消防机构可以根据需要委托依法设立的价格鉴证机构对火灾直接财产损失进行鉴定。

第二十四条　有人员死亡的火灾，为了确定死因，公安机关消防机构应当立即通知本级公安机关刑事科学技术部门进行尸体检验。公安机关刑事科学技术部门应当出具尸体检验鉴定文书，确定死亡原因。

第二十五条　卫生行政主管部门许可的医疗机构具有执业资格的医生出具的诊断证明，可以作为公安机关消防机构认定人身伤害程度的依据。但是，具有下列情形之一的，应当由法医进行伤情鉴定：

（一）受伤程度较重，可能构成重伤的；

（二）火灾受伤人员要求作鉴定的；

（三）当事人对伤害程度有争议的；

（四）其他应当进行鉴定的情形。

第二十六条　对受损单位和个人提供的由价格鉴证机构出具的鉴定意见，公安机关消防机构应当审查下列事项：

（一）鉴证机构、鉴证人是否具有资质、资格；

（二）鉴证机构、鉴证人是否盖章签名；

（三）鉴定意见依据是否充分；

（四）鉴定是否存在其他影响鉴定意见正确性的情形。

对符合规定的，可以作为证据使用；对不符合规定的，不予采信。

第四节　火灾损失统计

第二十七条　受损单位和个人应当于火灾扑灭之日起七日内向火灾发生地的县级公安机关消防机构如实申报火灾直接财产损失，并附有效证明材料。

第二十八条　公安机关消防机构应当根据受损单位和个人的申报、依法设立的价格鉴证机构出具的火灾直接财产损失鉴定意见以及调查核实情况，按照有关规定，对火灾直接经济损失和人员伤亡进行如实统计。

第五节 火灾事故认定

第二十九条 公安机关消防机构应当根据现场勘验、调查询问和有关检验、鉴定意见等调查情况，及时作出起火原因的认定。

第三十条 对起火原因已经查清的，应当认定起火时间、起火部位、起火点和起火原因；对起火原因无法查清的，应当认定起火时间、起火点或者起火部位以及有证据能够排除和不能排除的起火原因。

第三十一条 公安机关消防机构在作出火灾事故认定前，应当召集当事人到场，说明拟认定的起火原因，听取当事人意见；当事人不到场的，应当记录在案。

第三十二条 公安机关消防机构应当制作火灾事故认定书，自作出之日起七日内送达当事人，并告知当事人申请复核的权利。无法送达的，可以在作出火灾事故认定之日起七日内公告送达。公告期为二十日，公告期满即视为送达。

第三十三条 对较大以上的火灾事故或者特殊的火灾事故，公安机关消防机构应当开展消防技术调查，形成消防技术调查报告，逐级上报至省级人民政府公安机关消防机构，重大以上的火灾事故调查报告报公安部消防局备案。调查报告应当包括下列内容：

（一）起火场所概况；

（二）起火经过和火灾扑救情况；

（三）火灾造成的人员伤亡、直接经济损失统计情况；

（四）起火原因和灾害成因分析；

（五）防范措施。

火灾事故等级的确定标准按照公安部的有关规定执行。

第三十四条 公安机关消防机构作出火灾事故认定后，当事人可以申请查阅、复制、摘录火灾事故认定书、现场勘验笔录和检验、鉴定意见，公安机关消防机构应当自接到申请之日起七日内提供，但涉及国家秘密、商业秘密、个人隐私或者移交公安机关其他部门处理的依法不予提供，并说明理由。

第六节 复 核

第三十五条 当事人对火灾事故认定有异议的,可以自火灾事故认定书送达之日起十五日内,向上一级公安机关消防机构提出书面复核申请;对省级人民政府公安机关消防机构作出的火灾事故认定有异议的,向省级人民政府公安机关提出书面复核申请。

复核申请应当载明申请人的基本情况,被申请人的名称,复核请求,申请复核的主要事实、理由和证据,申请人的签名或者盖章,申请复核的日期。

第三十六条 复核机构应当自收到复核申请之日起七日内作出是否受理的决定并书面通知申请人。有下列情形之一的,不予受理:

(一)非火灾当事人提出复核申请的;

(二)超过复核申请期限的;

(三)复核机构维持原火灾事故认定或者直接作出火灾事故复核认定的;

(四)适用简易调查程序作出火灾事故认定的。

公安机关消防机构受理复核申请的,应当书面通知其他当事人,同时通知原认定机构。

第三十七条 原认定机构应当自接到通知之日起十日内,向复核机构作出书面说明,并提交火灾事故调查案卷。

第三十八条 复核机构应当对复核申请和原火灾事故认定进行书面审查,必要时,可以向有关人员进行调查;火灾现场尚存且未被破坏的,可以进行复核勘验。

复核审查期间,复核申请人撤回复核申请的,公安机关消防机构应当终止复核。

第三十九条 复核机构应当自受理复核申请之日起三十日内,作出复核决定,并按照本规定第三十二条规定的时限送达申请人、其他当事人和原认定机构。对需要向有关人员进行调查或者火灾现场复核勘验的,经复核机构负责人批准,复核期限可以延长三十日。

原火灾事故认定主要事实清楚、证据确实充分、程序合法,起火原因认定正确的,复核机构应当维持原火灾事故认定。

原火灾事故认定具有下列情形之一的,复核机构应当直接作出火灾事故复核认定或者责令原认定机构重新作出火灾事故认定,并撤销原认定机构作出的火灾事故认定:

(一)主要事实不清,或者证据不确实充分的;

(二)违反法定程序,影响结果公正的;

(三)认定行为存在明显不当,或者起火原因认定错误的;

(四)超越或者滥用职权的。

第四十条 原认定机构接到重新作出火灾事故认定的复核决定后,应当重新调查,在十五日内重新作出火灾事故认定。

复核机构直接作出火灾事故认定和原认定机构重新作出火灾事故认定前,应当向申请人、其他当事人说明重新认定情况;原认定机构重新作出的火灾事故认定书,应当按照本规定第三十二条规定的时限送达当事人,并报复核机构备案。

复核以一次为限。当事人对原认定机构重新作出的火灾事故认定,可以按照本规定第三十五条的规定申请复核。

第五章 火灾事故调查的处理

第四十一条 公安机关消防机构在火灾事故调查过程中,应当根据下列情况分别作出处理:

(一)涉嫌失火罪、消防责任事故罪的,按照《公安机关办理刑事案件程序规定》立案侦查;涉嫌其他犯罪的,及时移送有关主管部门办理;

(二)涉嫌消防安全违法行为的,按照《公安机关办理行政案件程序规定》调查处理;涉嫌其他违法行为的,及时移送有关主管部门调查处理;

(三)依照有关规定应当给予处分的,移交有关主管部门处理。

对经过调查不属于火灾事故的,公安机关消防机构应当告知当事人处理途径并记录在案。

第四十二条 公安机关消防机构向有关主管部门移送案件的,应当在本级公安机关消防机构负责人批准后的二十四小时内移送,并根据案件需要附下列材料:

（一）案件移送通知书；

（二）案件调查情况；

（三）涉案物品清单；

（四）询问笔录，现场勘验笔录，检验、鉴定意见以及照相、录像、录音等资料；

（五）其他相关材料。

构成放火罪需要移送公安机关刑侦部门处理的，火灾现场应当一并移交。

第四十三条 公安机关其他部门应当自接受公安机关消防机构移送的涉嫌犯罪案件之日起十日内，进行审查并作出决定。依法决定立案的，应当书面通知移送案件的公安机关消防机构；依法不予立案的，应当说明理由，并书面通知移送案件的公安机关消防机构，退回案卷材料。

第四十四条 公安机关消防机构及其工作人员有下列行为之一的，依照有关规定给予责任人员处分；构成犯罪的，依法追究刑事责任：

（一）指使他人错误认定或者故意错误认定起火原因的；

（二）瞒报火灾、火灾直接经济损失、人员伤亡情况的；

（三）利用职务上的便利，索取或者非法收受他人财物的；

（四）其他滥用职权、玩忽职守、徇私舞弊的行为。

第六章 附 则

第四十五条 本规定中下列用语的含义：

（一）"当事人"，是指与火灾发生、蔓延和损失有直接利害关系的单位和个人。

（二）"户"，用于统计居民、村民住宅火灾，按照公安机关登记的家庭户统计。

（三）本规定中十五日以内（含本数）期限的规定是指工作日，不含法定节假日。

（四）本规定所称的"以上"含本数、本级，"以下"不含本数。

第四十六条 火灾事故调查中有关回避、证据、调查取证、鉴定等要求，本规定没有规定的，按照《公安机关办理行政案件程序规定》执行。

第四十七条　执行本规定所需要的法律文书式样，由公安部制定。

第四十八条　本规定自2009年5月1日起施行。1999年3月15日发布施行的《火灾事故调查规定》(公安部令第37号)和2008年3月18日发布施行的《火灾事故调查规定修正案》(公安部令第100号)同时废止。

消防产品监督管理规定

(2012年8月13日公安部、国家工商行政管理总局、
国家质量监督检验检疫总局令第122号公布
自2013年1月1日起施行)

第一章　总　　则

第一条　为了加强消防产品监督管理，提高消防产品质量，依据《中华人民共和国消防法》、《中华人民共和国产品质量法》、《中华人民共和国认证认可条例》等有关法律、行政法规，制定本规定。

第二条　在中华人民共和国境内生产、销售、使用消防产品，以及对消防产品质量实施监督管理，适用本规定。

本规定所称消防产品是指专门用于火灾预防、灭火救援和火灾防护、避难、逃生的产品。

第三条　消防产品必须符合国家标准；没有国家标准的，必须符合行业标准。未制定国家标准、行业标准的，应当符合消防安全要求，并符合保障人体健康、人身财产安全的要求和企业标准。

第四条　国家质量监督检验检疫总局、国家工商行政管理总局和公安部按照各自职责对生产、流通和使用领域的消防产品质量实施监督管理。

县级以上地方质量监督部门、工商行政管理部门和公安机关消防机构按照各自职责对本行政区域内生产、流通和使用领域的消防产品质量实施监督管理。

第二章 市场准入

第五条 依法实行强制性产品认证的消防产品，由具有法定资质的认证机构按照国家标准、行业标准的强制性要求认证合格后，方可生产、销售、使用。

消防产品认证机构应当将消防产品强制性认证有关信息报国家认证认可监督管理委员会和公安部消防局。

实行强制性产品认证的消防产品目录由国家质量监督检验检疫总局、国家认证认可监督管理委员会会同公安部制定并公布，消防产品认证基本规范、认证规则由国家认证认可监督管理委员会制定并公布。

第六条 国家认证认可监督管理委员会应当按照《中华人民共和国认证认可条例》的有关规定，经评审并征求公安部消防局意见后，指定从事消防产品强制性产品认证活动的机构以及与认证有关的检查机构、实验室，并向社会公布。

第七条 消防产品认证机构及其工作人员应当按照有关规定从事认证活动，客观公正地出具认证结论，对认证结果负责。不得增加、减少、遗漏或者变更认证基本规范、认证规则规定的程序。

第八条 从事消防产品强制性产品认证活动的检查机构、实验室及其工作人员，应当确保检查、检测结果真实、准确，并对检查、检测结论负责。

第九条 新研制的尚未制定国家标准、行业标准的消防产品，经消防产品技术鉴定机构技术鉴定符合消防安全要求的，方可生产、销售、使用。消防安全要求由公安部制定。

消防产品技术鉴定机构应当具备国家认证认可监督管理委员会依法认定的向社会出具具有证明作用的数据和结果的消防产品实验室资格或者从事消防产品合格评定活动的认证机构资格。消防产品技术鉴定机构名录由公安部公布。

公安机关消防机构和认证认可监督管理部门按照各自职责对消防产品

技术鉴定机构进行监督。

公安部会同国家认证认可监督管理委员会参照消防产品认证机构和实验室管理工作规则,制定消防产品技术鉴定工作程序和规范。

第十条 消防产品技术鉴定应当遵守以下程序:

(一)委托人向消防产品技术鉴定机构提出书面委托,并提供有关文件资料;

(二)消防产品技术鉴定机构依照有关规定对文件资料进行审核;

(三)文件资料经审核符合要求的,消防产品技术鉴定机构按照消防安全要求和有关规定,组织实施消防产品型式检验和工厂检查;

(四)经鉴定认为消防产品符合消防安全要求的,技术鉴定机构应当在接受委托之日起九十日内颁发消防产品技术鉴定证书,并将消防产品有关信息报公安部消防局;认为不符合消防安全要求的,应当书面通知委托人,并说明理由。

消防产品检验时间不计入技术鉴定时限。

第十一条 消防产品技术鉴定机构及其工作人员应当按照有关规定开展技术鉴定工作,对技术鉴定结果负责。

第十二条 消防产品技术鉴定证书有效期为三年。

有效期届满,生产者需要继续生产消防产品的,应当在有效期届满前的六个月内,依照本规定第十条的规定,重新申请消防产品技术鉴定证书。

第十三条 在消防产品技术鉴定证书有效期内,消防产品的生产条件、检验手段、生产技术或者工艺发生变化,对性能产生重大影响的,生产者应当重新委托消防产品技术鉴定。

第十四条 在消防产品技术鉴定证书有效期内,相关消防产品的国家标准、行业标准颁布施行的,生产者应当保证生产的消防产品符合国家标准、行业标准。

前款规定的消防产品被列入强制性产品认证目录的,应当按照本规定实施强制性产品认证。未列入强制性产品认证目录的,在技术鉴定证书有效期届满后,不再实行技术鉴定。

第十五条 消防产品技术鉴定机构应当对其鉴定合格的产品实施有效的跟踪调查,鉴定合格的产品不能持续符合技术鉴定要求的,技术鉴定机构应当暂停其使用直至撤销鉴定证书,并予公布。

第十六条 经强制性产品认证合格或者技术鉴定合格的消防产品，公安部消防局应当予以公布。

第三章 产品质量责任和义务

第十七条 消防产品生产者应当对其生产的消防产品质量负责，建立有效的质量管理体系，保持消防产品的生产条件，保证产品质量、标志、标识符合相关法律法规和标准要求。不得生产应当获得而未获得市场准入资格的消防产品、不合格的消防产品或者国家明令淘汰的消防产品。

消防产品生产者应当建立消防产品销售流向登记制度，如实记录产品名称、批次、规格、数量、销售去向等内容。

第十八条 消防产品销售者应当建立并执行进货检查验收制度，验明产品合格证明和其他标识，不得销售应当获得而未获得市场准入资格的消防产品、不合格的消防产品或者国家明令淘汰的消防产品。

销售者应当采取措施，保持销售产品的质量。

第十九条 消防产品使用者应当查验产品合格证明、产品标识和有关证书，选用符合市场准入的、合格的消防产品。

建设工程设计单位在设计中选用的消防产品，应当注明产品规格、性能等技术指标，其质量要求应当符合国家标准、行业标准。当需要选用尚未制定国家标准、行业标准的消防产品时，应当选用经技术鉴定合格的消防产品。

建设工程施工企业应当按照工程设计要求、施工技术标准、合同的约定和消防产品有关技术标准，对进场的消防产品进行现场检查或者检验，如实记录进货来源、名称、批次、规格、数量等内容；现场检查或者检验不合格的，不得安装。现场检查记录或者检验报告应当存档备查。建设工程施工企业应当建立安装质量管理制度，严格执行有关标准、施工规范和相关要求，保证消防产品的安装质量。

工程监理单位应当依照法律、行政法规及有关技术标准、设计文件和建设工程承包合同对建设工程使用的消防产品的质量及其安装质量实施监督。

机关、团体、企业、事业等单位应当按照国家标准、行业标准定期组织对消防设施、器材进行维修保养，确保完好有效。

第四章 监督检查

第二十条 质量监督部门、工商行政管理部门依据《中华人民共和国产品质量法》以及相关规定对生产领域、流通领域的消防产品质量进行监督检查。

第二十一条 公安机关消防机构对使用领域的消防产品质量进行监督检查,实行日常监督检查和监督抽查相结合的方式。

第二十二条 公安机关消防机构在消防监督检查和建设工程消防监督管理工作中,对使用领域的消防产品质量进行日常监督检查,按照公安部《消防监督检查规定》、《建设工程消防监督管理规定》执行。

第二十三条 公安机关消防机构对使用领域的消防产品质量进行专项监督抽查,由省级以上公安机关消防机构制定监督抽查计划,由县级以上地方公安机关消防机构具体实施。

第二十四条 公安机关消防机构对使用领域的消防产品质量进行监督抽查,应当检查下列内容:

(一)列入强制性产品认证目录的消防产品是否具备强制性产品认证证书,新研制的尚未制定国家标准、行业标准的消防产品是否具备技术鉴定证书;

(二)按照强制性国家标准或者行业标准的规定,应当进行型式检验和出厂检验的消防产品,是否具备型式检验合格和出厂检验合格的证明文件;

(三)消防产品的外观标志、规格型号、结构部件、材料、性能参数、生产厂名、厂址与产地等是否符合有关规定;

(四)消防产品的关键性能是否符合消防产品现场检查判定规则的要求;

(五)法律、行政法规规定的其他内容。

第二十五条 公安机关消防机构实施消防产品质量监督抽查时,检查人员不得少于两人,并应当出示执法身份证件。

实施消防产品质量监督抽查应当填写检查记录,由检查人员、被检查单位管理人员签名;被检查单位管理人员对检查记录有异议或者拒绝签名的,检查人员应当在检查记录中注明。

第二十六条 公安机关消防机构应当根据本规定和消防产品现场检查判定规则，实施现场检查判定。对现场检查判定为不合格的，应当在三日内将判定结论送达被检查人。被检查人对消防产品现场检查判定结论有异议的，公安机关消防机构应当在五日内依照有关规定将样品送符合法定条件的产品质量检验机构进行监督检验，并自收到检验结果之日起三日内，将检验结果告知被检查人。

检验抽取的样品由被检查人无偿供给，其数量不得超过检验的合理需要。检验费用在规定经费中列支，不得向被检查人收取。

第二十七条 被检查人对公安机关消防机构抽样送检的产品检验结果有异议的，可以自收到检验结果之日起五日内向实施监督检查的公安机关消防机构提出书面复检申请。

公安机关消防机构受理复检申请，应当当场出具受理凭证。

公安机关消防机构受理复检申请后，应当在五日内将备用样品送检，自收到复检结果之日起三日内，将复检结果告知申请人。

复检申请以一次为限。复检合格的，费用列入监督抽查经费；不合格的，费用由申请人承担。

第二十八条 质量监督部门、工商行政管理部门接到对消防产品质量问题的举报投诉，应当按职责及时依法处理。对不属于本部门职责范围的，应当及时移交或者书面通报有关部门。

公安机关消防机构接到对消防产品质量问题的举报投诉，应当及时受理、登记，并按照公安部《公安机关办理行政案件程序规定》的相关规定和本规定中消防产品质量监督检查程序处理。

公安机关消防机构对举报投诉的消防产品质量问题进行核查后，对消防安全违法行为应当依法处理。核查、处理情况应当在三日内告知举报投诉人；无法告知的，应当在受理登记中注明。

第二十九条 公安机关消防机构发现使用依法应当获得市场准入资格而未获得准入资格的消防产品或者不合格的消防产品、国家明令淘汰的消防产品等使用领域消防产品质量违法行为，应当依法责令限期改正。

公安机关消防机构应当在收到当事人复查申请或者责令限期改正期限届满之日起三日内进行复查。复查应当填写记录。

第三十条 公安机关消防机构对发现的使用领域消防产品质量违法行

为，应当依法查处，并及时将有关情况书面通报同级质量监督部门、工商行政管理部门；质量监督部门、工商行政管理部门应当对生产者、销售者依法及时查处。

第三十一条 质量监督部门、工商行政管理部门和公安机关消防机构应当按照有关规定，向社会公布消防产品质量监督检查情况、重大消防产品质量违法行为的行政处罚情况等信息。

第三十二条 任何单位和个人在接受质量监督部门、工商行政管理部门和公安机关消防机构依法开展的消防产品质量监督检查时，应当如实提供有关情况和资料。

任何单位和个人不得擅自转移、变卖、隐匿或者损毁被采取强制措施的物品，不得拒绝依法进行的监督检查。

第五章 法律责任

第三十三条 生产、销售不合格的消防产品或者国家明令淘汰的消防产品的，由质量监督部门或者工商行政管理部门依照《中华人民共和国产品质量法》的规定从重处罚。

第三十四条 有下列情形之一的，由公安机关消防机构责令改正，依照《中华人民共和国消防法》第五十九条处罚：

（一）建设单位要求建设工程施工企业使用不符合市场准入的消防产品、不合格的消防产品或者国家明令淘汰的消防产品的；

（二）建设工程设计单位选用不符合市场准入的消防产品，或者国家明令淘汰的消防产品进行消防设计的；

（三）建设工程施工企业安装不符合市场准入的消防产品、不合格的消防产品或者国家明令淘汰的消防产品的；

（四）工程监理单位与建设单位或者建设工程施工企业串通，弄虚作假，安装、使用不符合市场准入的消防产品、不合格的消防产品或者国家明令淘汰的消防产品的。

第三十五条 消防产品技术鉴定机构出具虚假文件的，由公安机关消防机构责令改正，依照《中华人民共和国消防法》第六十九条处罚。

第三十六条 人员密集场所使用不符合市场准入的消防产品的，由公安机关消防机构责令限期改正;逾期不改正的,依照《中华人民共和国消防法》第六十五条第二款处罚。

非人员密集场所使用不符合市场准入的消防产品、不合格的消防产品或者国家明令淘汰的消防产品的,由公安机关消防机构责令限期改正;逾期不改正的,对非经营性场所处五百元以上一千元以下罚款,对经营性场所处五千元以上一万元以下罚款,并对直接负责的主管人员和其他直接责任人员处五百元以下罚款。

第三十七条 公安机关消防机构及其工作人员进行消防产品监督执法,应当严格遵守廉政规定,坚持公正、文明执法,自觉接受单位和公民的监督。

公安机关及其工作人员不得指定消防产品的品牌、销售单位,不得参与或者干预建设工程消防产品的招投标活动,不得接受被检查单位、个人的财物或者其他不正当利益。

第三十八条 质量监督部门、工商行政管理部门、公安机关消防机构工作人员在消防产品监督管理中滥用职权、玩忽职守、徇私舞弊的,依法给予处分。

第三十九条 违反本规定,构成犯罪的,依法追究刑事责任。

第六章 附 则

第四十条 消防产品目录由公安部消防局制定并公布。

第四十一条 消防产品进出口检验监管,由出入境检验检疫部门按照有关规定执行。

消防产品属于《中华人民共和国特种设备安全监察条例》规定的特种设备的,还应当遵守特种设备安全监察有关规定。

第四十二条 本规定中的"三日"、"五日"是指工作日,不含法定节假日。

第四十三条 公安机关消防机构执行本规定所需要的法律文书式样,由公安部制定。

第四十四条 本规定自2013年1月1日起施行。

社会消防技术服务管理规定

（2021年8月17日应急管理部第27次部务会议审议通过　2021年9月13日应急管理部令第7号公布　自2021年11月9日起施行）

第一章　总　　则

第一条　为规范社会消防技术服务活动，维护消防技术服务市场秩序，促进提高消防技术服务质量，根据《中华人民共和国消防法》，制定本规定。

第二条　在中华人民共和国境内从事社会消防技术服务活动、对消防技术服务机构实施监督管理，适用本规定。

本规定所称消防技术服务机构是指从事消防设施维护保养检测、消防安全评估等社会消防技术服务活动的企业。

第三条　消防技术服务机构及其从业人员开展社会消防技术服务活动应当遵循客观独立、合法公正、诚实信用的原则。

本规定所称消防技术服务从业人员，是指依法取得注册消防工程师资格并在消防技术服务机构中执业的专业技术人员，以及按照有关规定取得相应消防行业特有工种职业资格，在消防技术服务机构中从事社会消防技术服务活动的人员。

第四条　消防技术服务行业组织应当加强行业自律管理，规范从业行为，促进提升服务质量。

消防技术服务行业组织不得从事营利性社会消防技术服务活动，不得从事或者通过消防技术服务机构进行行业垄断。

第二章 从业条件

第五条 从事消防设施维护保养检测的消防技术服务机构，应当具备下列条件：

（一）取得企业法人资格；

（二）工作场所建筑面积不少于200平方米；

（三）消防技术服务基础设备和消防设施维护保养检测设备配备符合有关规定要求；

（四）注册消防工程师不少于2人，其中一级注册消防工程师不少于1人；

（五）取得消防设施操作员国家职业资格证书的人员不少于6人，其中中级技能等级以上的不少于2人；

（六）健全的质量管理体系。

第六条 从事消防安全评估的消防技术服务机构，应当具备下列条件：

（一）取得企业法人资格；

（二）工作场所建筑面积不少于100平方米；

（三）消防技术服务基础设备和消防安全评估设备配备符合有关规定要求；

（四）注册消防工程师不少于2人，其中一级注册消防工程师不少于1人；

（五）健全的消防安全评估过程控制体系。

第七条 同时从事消防设施维护保养检测、消防安全评估的消防技术服务机构，应当具备下列条件：

（一）取得企业法人资格；

（二）工作场所建筑面积不少于200平方米；

（三）消防技术服务基础设备和消防设施维护保养检测、消防安全评估设备配备符合规定的要求；

（四）注册消防工程师不少于2人，其中一级注册消防工程师不少于1人；

（五）取得消防设施操作员国家职业资格证书的人员不少于6人，其中

中级技能等级以上的不少于2人;

(六)健全的质量管理和消防安全评估过程控制体系。

第八条 消防技术服务机构可以在全国范围内从业。

第三章 社会消防技术服务活动

第九条 消防技术服务机构及其从业人员应当依照法律法规、技术标准和从业准则,开展下列社会消防技术服务活动,并对服务质量负责:

(一)消防设施维护保养检测机构可以从事建筑消防设施维护保养、检测活动;

(二)消防安全评估机构可以从事区域消防安全评估、社会单位消防安全评估、大型活动消防安全评估等活动,以及消防法律法规、消防技术标准、火灾隐患整改、消防安全管理、消防宣传教育等方面的咨询活动。

消防技术服务机构出具的结论文件,可以作为消防救援机构实施消防监督管理和单位(场所)开展消防安全管理的依据。

第十条 消防设施维护保养检测机构应当按照国家标准、行业标准规定的工艺、流程开展维护保养检测,保证经维护保养的建筑消防设施符合国家标准、行业标准。

第十一条 消防技术服务机构应当依法与从业人员签订劳动合同,加强对所属从业人员的管理。注册消防工程师不得同时在两个以上社会组织执业。

第十二条 消防技术服务机构应当设立技术负责人,对本机构的消防技术服务实施质量监督管理,对出具的书面结论文件进行技术审核。技术负责人应当具备一级注册消防工程师资格。

第十三条 消防技术服务机构承接业务,应当与委托人签订消防技术服务合同,并明确项目负责人。项目负责人应当具备相应的注册消防工程师资格。

消防技术服务机构不得转包、分包消防技术服务项目。

第十四条 消防技术服务机构出具的书面结论文件应当由技术负责人、项目负责人签名并加盖执业印章,同时加盖消防技术服务机构印章。

消防设施维护保养检测机构对建筑消防设施进行维护保养后,应当制作包含消防技术服务机构名称及项目负责人、维护保养日期等信息的标识，在消防设施所在建筑的醒目位置上予以公示。

第十五条 消防技术服务机构应当对服务情况作出客观、真实、完整的记录，按消防技术服务项目建立消防技术服务档案。

消防技术服务档案保管期限为6年。

第十六条 消防技术服务机构应当在其经营场所的醒目位置公示营业执照、工作程序、收费标准、从业守则、注册消防工程师注册证书、投诉电话等事项。

第十七条 消防技术服务机构收费应当遵守价格管理法律法规的规定。

第十八条 消防技术服务机构在从事社会消防技术服务活动中，不得有下列行为：

（一）不具备从业条件，从事社会消防技术服务活动；

（二）出具虚假、失实文件；

（三）消防设施维护保养检测机构的项目负责人或者消防设施操作员未到现场实地开展工作；

（四）泄露委托人商业秘密；

（五）指派无相应资格从业人员从事社会消防技术服务活动；

（六）冒用其他消防技术服务机构名义从事社会消防技术服务活动；

（七）法律、法规、规章禁止的其他行为。

第四章 监督管理

第十九条 县级以上人民政府消防救援机构依照有关法律、法规和本规定，对本行政区域内的社会消防技术服务活动实施监督管理。

消防技术服务机构及其从业人员对消防救援机构依法进行的监督管理应当协助和配合，不得拒绝或者阻挠。

第二十条 应急管理部消防救援局应当建立和完善全国统一的社会消防技术服务信息系统，公布消防技术服务机构及其从业人员的有关信息，发布从业、诚信和监督管理信息，并为社会提供有关信息查询服务。

第二十一条 县级以上人民政府消防救援机构对社会消防技术服务活

动开展监督检查的形式有：

（一）结合日常消防监督检查工作，对消防技术服务质量实施监督抽查；

（二）根据需要实施专项检查；

（三）发生火灾事故后实施倒查；

（四）对举报投诉和交办移送的消防技术服务机构及其从业人员的违法从业行为进行核查。

开展社会消防技术服务活动监督检查可以根据实际需要，通过网上核查、服务单位实地核查、机构办公场所现场检查等方式实施。

第二十二条 消防救援机构在对单位（场所）实施日常消防监督检查时，可以对为该单位（场所）提供服务的消防技术服务机构的服务质量实施监督抽查。抽查内容为：

（一）是否冒用其他消防技术服务机构名义从事社会消防技术服务活动；

（二）从事相关社会消防技术服务活动的人员是否具有相应资格；

（三）是否按照国家标准、行业标准维护保养、检测建筑消防设施，经维护保养的建筑消防设施是否符合国家标准、行业标准；

（四）消防设施维护保养检测机构的项目负责人或者消防设施操作员是否到现场实地开展工作；

（五）是否出具虚假、失实文件；

（六）出具的书面结论文件是否由技术负责人、项目负责人签名、盖章，并加盖消防技术服务机构印章；

（七）是否与委托人签订消防技术服务合同；

（八）是否在经其维护保养的消防设施所在建筑的醒目位置公示消防技术服务信息。

第二十三条 消防救援机构根据消防监督管理需要，可以对辖区内从业的消防技术服务机构进行专项检查。专项检查应当随机抽取检查对象，随机选派检查人员，检查情况及查处结果及时向社会公开。专项检查可以抽查下列内容：

（一）是否具备从业条件；

（二）所属注册消防工程师是否同时在两个以上社会组织执业；

（三）从事相关社会消防技术服务活动的人员是否具有相应资格；

（四）是否转包、分包消防技术服务项目；

（五）是否出具虚假、失实文件；

（六）是否设立技术负责人、明确项目负责人，出具的书面结论文件是否由技术负责人、项目负责人签名、盖章，并加盖消防技术服务机构印章；

（七）是否与委托人签订消防技术服务合同；

（八）是否在经营场所公示营业执照、工作程序、收费标准、从业守则、注册消防工程师注册证书、投诉电话等事项；

（九）是否建立和保管消防技术服务档案。

第二十四条　发生有人员死亡或者造成重大社会影响的火灾，消防救援机构开展火灾事故调查时，应当对为起火单位（场所）提供服务的消防技术服务机构实施倒查。

消防救援机构组织调查其他火灾，可以根据需要对为起火单位（场所）提供服务的消防技术服务机构实施倒查。

倒查按照本规定第二十二条、第二十三条的抽查内容实施。

第二十五条　消防救援机构及其工作人员不得设立消防技术服务机构，不得参与消防技术服务机构的经营活动，不得指定或者变相指定消防技术服务机构，不得利用职务接受有关单位或者个人财物，不得滥用行政权力排除、限制竞争。

第五章　法律责任

第二十六条　消防技术服务机构违反本规定，冒用其他消防技术服务机构名义从事社会消防技术服务活动的，责令改正，处2万元以上3万元以下罚款。

第二十七条　消防技术服务机构违反本规定，有下列情形之一的，责令改正，处1万元以上2万元以下罚款：

（一）所属注册消防工程师同时在两个以上社会组织执业的；

（二）指派无相应资格从业人员从事社会消防技术服务活动的；

（三）转包、分包消防技术服务项目的。

对有前款第一项行为的注册消防工程师，处5000元以上1万元以下罚款。

第二十八条 消防技术服务机构违反本规定,有下列情形之一的,责令改正,处1万元以下罚款:

(一)未设立技术负责人、未明确项目负责人的;

(二)出具的书面结论文件未经技术负责人、项目负责人签名、盖章,或者未加盖消防技术服务机构印章的;

(三)承接业务未依法与委托人签订消防技术服务合同的;

(四)消防设施维护保养检测机构的项目负责人或者消防设施操作员未到现场实地开展工作的;

(五)未建立或者保管消防技术服务档案的;

(六)未公示营业执照、工作程序、收费标准、从业守则、注册消防工程师注册证书、投诉电话等事项的。

第二十九条 消防技术服务机构不具备从业条件从事社会消防技术服务活动或者出具虚假文件、失实文件的,或者不按照国家标准、行业标准开展社会消防技术服务活动的,由消防救援机构依照《中华人民共和国消防法》第六十九条的有关规定处罚。

第三十条 消防设施维护保养检测机构未按照本规定要求在经其维护保养的消防设施所在建筑的醒目位置上公示消防技术服务信息的,责令改正,处5000元以下罚款。

第三十一条 消防救援机构对消防技术服务机构及其从业人员实施积分信用管理,具体办法由应急管理部消防救援局制定。

第三十二条 消防技术服务机构有违反本规定的行为,给他人造成损失的,依法承担赔偿责任;经维护保养的建筑消防设施不能正常运行,发生火灾时未发挥应有作用,导致伤亡、损失扩大的,从重处罚;构成犯罪的,依法追究刑事责任。

第三十三条 本规定中的行政处罚由违法行为地设区的市级、县级人民政府消防救援机构决定。

第三十四条 消防技术服务机构及其从业人员对消防救援机构在消防技术服务监督管理中作出的具体行政行为不服的,可以依法申请行政复议或者提起行政诉讼。

第三十五条 消防救援机构的工作人员设立消防技术服务机构,或者参与消防技术服务机构的经营活动，或者指定、变相指定消防技术服务机构，或者利用职务接受有关单位、个人财物，或者滥用行政权力排除、限制竞争，或者有其他滥用职权、玩忽职守、徇私舞弊的行为，依照有关规定给予处分；构成犯罪的，依法追究刑事责任。

第六章 附 则

第三十六条 保修期内的建筑消防设施由施工单位进行维护保养的，不适用本规定。

第三十七条 本规定所称虚假文件，是指消防技术服务机构未提供服务或者以篡改结果方式出具的消防技术文件，或者出具的与当时实际情况严重不符、结论定性严重偏离客观实际的消防技术文件。

本规定所称失实文件，是指消防技术服务机构出具的与当时实际情况部分不符、结论定性部分偏离客观实际的消防技术文件。

第三十八条 本规定中的“以上”、“以下”均含本数。

第三十九条 执行本规定所需要的文书式样，以及消防技术服务机构应当配备的仪器、设备、设施目录，由应急管理部制定。

第四十条 本规定自 2021 年 11 月 9 日起施行。

建设工程消防设计审查验收管理暂行规定

（2020年4月1日住房和城乡建设部令第51号公布
自2020年6月1日起施行）

第一章 总 则

第一条 为了加强建设工程消防设计审查验收管理，保证建设工程消防设计、施工质量，根据《中华人民共和国建筑法》《中华人民共和国消防法》《建设工程质量管理条例》等法律、行政法规，制定本规定。

第二条 特殊建设工程的消防设计审查、消防验收，以及其他建设工程的消防验收备案（以下简称备案）、抽查，适用本规定。

本规定所称特殊建设工程，是指本规定第十四条所列的建设工程。

本规定所称其他建设工程，是指特殊建设工程以外的其他按照国家工程建设消防技术标准需要进行消防设计的建设工程。

第三条 国务院住房和城乡建设主管部门负责指导监督全国建设工程消防设计审查验收工作。

县级以上地方人民政府住房和城乡建设主管部门（以下简称消防设计审查验收主管部门）依职责承担本行政区域内建设工程的消防设计审查、消防验收、备案和抽查工作。

跨行政区域建设工程的消防设计审查、消防验收、备案和抽查工作，由该建设工程所在行政区域消防设计审查验收主管部门共同的上一级主管部门指定负责。

第四条 消防设计审查验收主管部门应当运用互联网技术等信息化手段开展消防设计审查、消防验收、备案和抽查工作，建立健全有关单位和从业人员的信用管理制度，不断提升政务服务水平。

第五条 消防设计审查验收主管部门实施消防设计审查、消防验收、备案和抽查工作所需经费，按照《中华人民共和国行政许可法》等有关法律法规的规定执行。

第六条 消防设计审查验收主管部门应当及时将消防验收、备案和抽查情况告知消防救援机构，并与消防救援机构共享建筑平面图、消防设施平面布置图、消防设施系统图等资料。

第七条 从事建设工程消防设计审查验收的工作人员，以及建设、设计、施工、工程监理、技术服务等单位的从业人员，应当具备相应的专业技术能力，定期参加职业培训。

第二章 有关单位的消防设计、施工质量责任与义务

第八条 建设单位依法对建设工程消防设计、施工质量负首要责任。设计、施工、工程监理、技术服务等单位依法对建设工程消防设计、施工质量负主体责任。建设、设计、施工、工程监理、技术服务等单位的从业人员依法对建设工程消防设计、施工质量承担相应的个人责任。

第九条 建设单位应当履行下列消防设计、施工质量责任和义务：

（一）不得明示或者暗示设计、施工、工程监理、技术服务等单位及其从业人员违反建设工程法律法规和国家工程建设消防技术标准，降低建设工程消防设计、施工质量；

（二）依法申请建设工程消防设计审查、消防验收，办理备案并接受抽查；

（三）实行工程监理的建设工程，依法将消防施工质量委托监理；

（四）委托具有相应资质的设计、施工、工程监理单位；

（五）按照工程消防设计要求和合同约定，选用合格的消防产品和满足防火性能要求的建筑材料、建筑构配件和设备；

（六）组织有关单位进行建设工程竣工验收时，对建设工程是否符合消防要求进行查验；

（七）依法及时向档案管理机构移交建设工程消防有关档案。

第十条　设计单位应当履行下列消防设计、施工质量责任和义务：

（一）按照建设工程法律法规和国家工程建设消防技术标准进行设计，编制符合要求的消防设计文件，不得违反国家工程建设消防技术标准强制性条文；

（二）在设计文件中选用的消防产品和具有防火性能要求的建筑材料、建筑构配件和设备，应当注明规格、性能等技术指标，符合国家规定的标准；

（三）参加建设单位组织的建设工程竣工验收，对建设工程消防设计实施情况签章确认，并对建设工程消防设计质量负责。

第十一条　施工单位应当履行下列消防设计、施工质量责任和义务：

（一）按照建设工程法律法规、国家工程建设消防技术标准，以及经消防设计审查合格或者满足工程需要的消防设计文件组织施工，不得擅自改变消防设计进行施工，降低消防施工质量；

（二）按照消防设计要求、施工技术标准和合同约定检验消防产品和具有防火性能要求的建筑材料、建筑构配件和设备的质量，使用合格产品，保证消防施工质量；

（三）参加建设单位组织的建设工程竣工验收，对建设工程消防施工质量签章确认，并对建设工程消防施工质量负责。

第十二条　工程监理单位应当履行下列消防设计、施工质量责任和义务：

（一）按照建设工程法律法规、国家工程建设消防技术标准，以及经消防设计审查合格或者满足工程需要的消防设计文件实施工程监理；

（二）在消防产品和具有防火性能要求的建筑材料、建筑构配件和设备使用、安装前，核查产品质量证明文件，不得同意使用或者安装不合格的消防产品和防火性能不符合要求的建筑材料、建筑构配件和设备；

（三）参加建设单位组织的建设工程竣工验收，对建设工程消防施工质量签章确认，并对建设工程消防施工质量承担监理责任。

第十三条　提供建设工程消防设计图纸技术审查、消防设施检测或者建设工程消防验收现场评定等服务的技术服务机构，应当按照建设工程法律法规、国家工程建设消防技术标准和国家有关规定提供服务，并对出具的意见或者报告负责。

第三章 特殊建设工程的消防设计审查

第十四条 具有下列情形之一的建设工程是特殊建设工程：

（一）总建筑面积大于二万平方米的体育场馆、会堂，公共展览馆、博物馆的展示厅；

（二）总建筑面积大于一万五千平方米的民用机场航站楼、客运车站候车室、客运码头候船厅；

（三）总建筑面积大于一万平方米的宾馆、饭店、商场、市场；

（四）总建筑面积大于二千五百平方米的影剧院，公共图书馆的阅览室，营业性室内健身、休闲场馆，医院的门诊楼，大学的教学楼、图书馆、食堂，劳动密集型企业的生产加工车间，寺庙、教堂；

（五）总建筑面积大于一千平方米的托儿所、幼儿园的儿童用房，儿童游乐厅等室内儿童活动场所，养老院、福利院，医院、疗养院的病房楼，中小学校的教学楼、图书馆、食堂，学校的集体宿舍，劳动密集型企业的员工集体宿舍；

（六）总建筑面积大于五百平方米的歌舞厅、录像厅、放映厅、卡拉 OK 厅、夜总会、游艺厅、桑拿浴室、网吧、酒吧，具有娱乐功能的餐馆、茶馆、咖啡厅；

（七）国家工程建设消防技术标准规定的一类高层住宅建筑；

（八）城市轨道交通、隧道工程，大型发电、变配电工程；

（九）生产、储存、装卸易燃易爆危险物品的工厂、仓库和专用车站、码头，易燃易爆气体和液体的充装站、供应站、调压站；

（十）国家机关办公楼、电力调度楼、电信楼、邮政楼、防灾指挥调度楼、广播电视楼、档案楼；

（十一）设有本条第一项至第六项所列情形的建设工程；

（十二）本条第十项、第十一项规定以外的单体建筑面积大于四万平方米或者建筑高度超过五十米的公共建筑。

第十五条 对特殊建设工程实行消防设计审查制度。

特殊建设工程的建设单位应当向消防设计审查验收主管部门申请消防设计审查，消防设计审查验收主管部门依法对审查的结果负责。

特殊建设工程未经消防设计审查或者审查不合格的，建设单位、施工单位不得施工。

第十六条　建设单位申请消防设计审查，应当提交下列材料：

（一）消防设计审查申请表；

（二）消防设计文件；

（三）依法需要办理建设工程规划许可的，应当提交建设工程规划许可文件；

（四）依法需要批准的临时性建筑，应当提交批准文件。

第十七条　特殊建设工程具有下列情形之一的，建设单位除提交本规定第十六条所列材料外，还应当同时提交特殊消防设计技术资料：

（一）国家工程建设消防技术标准没有规定，必须采用国际标准或者境外工程建设消防技术标准的；

（二）消防设计文件拟采用的新技术、新工艺、新材料不符合国家工程建设消防技术标准规定的。

前款所称特殊消防设计技术资料，应当包括特殊消防设计文件，设计采用的国际标准、境外工程建设消防技术标准的中文文本，以及有关的应用实例、产品说明等资料。

第十八条　消防设计审查验收主管部门收到建设单位提交的消防设计审查申请后，对申请材料齐全的，应当出具受理凭证；申请材料不齐全的，应当一次性告知需要补正的全部内容。

第十九条　对具有本规定第十七条情形之一的建设工程，消防设计审查验收主管部门应当自受理消防设计审查申请之日起五个工作日内，将申请材料报送省、自治区、直辖市人民政府住房和城乡建设主管部门组织专家评审。

第二十条　省、自治区、直辖市人民政府住房和城乡建设主管部门应当建立由具有工程消防、建筑等专业高级技术职称人员组成的专家库，制定专家库管理制度。

第二十一条　省、自治区、直辖市人民政府住房和城乡建设主管部门应当在收到申请材料之日起十个工作日内组织召开专家评审会，对建设单位提交的特殊消防设计技术资料进行评审。

评审专家从专家库随机抽取，对于技术复杂、专业性强或者国家有特殊要求的项目，可以直接邀请相应专业的中国科学院院士、中国工程院院士、全国工程勘察设计大师以及境外具有相应资历的专家参加评审；与特殊建设工程设计单位有利害关系的专家不得参加评审。

评审专家应当符合相关专业要求，总数不得少于七人，且独立出具评审意见。特殊消防设计技术资料经四分之三以上评审专家同意即为评审通过，评审专家有不同意见的，应当注明。省、自治区、直辖市人民政府住房和城乡建设主管部门应当将专家评审意见，书面通知报请评审的消防设计审查验收主管部门，同时报国务院住房和城乡建设主管部门备案。

第二十二条 消防设计审查验收主管部门应当自受理消防设计审查申请之日起十五个工作日内出具书面审查意见。依照本规定需要组织专家评审的，专家评审时间不超过二十个工作日。

第二十三条 对符合下列条件的，消防设计审查验收主管部门应当出具消防设计审查合格意见：

（一）申请材料齐全、符合法定形式；

（二）设计单位具有相应资质；

（三）消防设计文件符合国家工程建设消防技术标准（具有本规定第十七条情形之一的特殊建设工程，特殊消防设计技术资料通过专家评审）。

对不符合前款规定条件的，消防设计审查验收主管部门应当出具消防设计审查不合格意见，并说明理由。

第二十四条 实行施工图设计文件联合审查的，应当将建设工程消防设计的技术审查并入联合审查。

第二十五条 建设、设计、施工单位不得擅自修改经审查合格的消防设计文件。确需修改的，建设单位应当依照本规定重新申请消防设计审查。

第四章 特殊建设工程的消防验收

第二十六条 对特殊建设工程实行消防验收制度。

特殊建设工程竣工验收后，建设单位应当向消防设计审查验收主管部门申请消防验收；未经消防验收或者消防验收不合格的，禁止投入使用。

第二十七条 建设单位组织竣工验收时，应当对建设工程是否符合下列要求进行查验：

（一）完成工程消防设计和合同约定的消防各项内容；

（二）有完整的工程消防技术档案和施工管理资料（含涉及消防的建筑

材料、建筑构配件和设备的进场试验报告)；

(三)建设单位对工程涉及消防的各分部分项工程验收合格；施工、设计、工程监理、技术服务等单位确认工程消防质量符合有关标准；

(四)消防设施性能、系统功能联调联试等内容检测合格。

经查验不符合前款规定的建设工程，建设单位不得编制工程竣工验收报告。

第二十八条 建设单位申请消防验收，应当提交下列材料：

(一)消防验收申请表；

(二)工程竣工验收报告；

(三)涉及消防的建设工程竣工图纸。

消防设计审查验收主管部门收到建设单位提交的消防验收申请后，对申请材料齐全的，应当出具受理凭证；申请材料不齐全的，应当一次性告知需要补正的全部内容。

第二十九条 消防设计审查验收主管部门受理消防验收申请后，应当按照国家有关规定，对特殊建设工程进行现场评定。现场评定包括对建筑物防(灭)火设施的外观进行现场抽样查看；通过专业仪器设备对涉及距离、高度、宽度、长度、面积、厚度等可测量的指标进行现场抽样测量；对消防设施的功能进行抽样测试、联调联试消防设施的系统功能等内容。

第三十条 消防设计审查验收主管部门应当自受理消防验收申请之日起十五日内出具消防验收意见。对符合下列条件的，应当出具消防验收合格意见：

(一)申请材料齐全、符合法定形式；

(二)工程竣工验收报告内容完备；

(三)涉及消防的建设工程竣工图纸与经审查合格的消防设计文件相符；

(四)现场评定结论合格。

对不符合前款规定条件的，消防设计审查验收主管部门应当出具消防验收不合格意见，并说明理由。

第三十一条 实行规划、土地、消防、人防、档案等事项联合验收的建设工程，消防验收意见由地方人民政府指定的部门统一出具。

第五章　其他建设工程的消防设计、备案与抽查

第三十二条　其他建设工程，建设单位申请施工许可或者申请批准开工报告时，应当提供满足施工需要的消防设计图纸及技术资料。

未提供满足施工需要的消防设计图纸及技术资料的，有关部门不得发放施工许可证或者批准开工报告。

第三十三条　对其他建设工程实行备案抽查制度。

其他建设工程经依法抽查不合格的，应当停止使用。

第三十四条　其他建设工程竣工验收合格之日起五个工作日内，建设单位应当报消防设计审查验收主管部门备案。

建设单位办理备案，应当提交下列材料：

（一）消防验收备案表；

（二）工程竣工验收报告；

（三）涉及消防的建设工程竣工图纸。

本规定第二十七条有关建设单位竣工验收消防查验的规定，适用于其他建设工程。

第三十五条　消防设计审查验收主管部门收到建设单位备案材料后，对备案材料齐全的，应当出具备案凭证；备案材料不齐全的，应当一次性告知需要补正的全部内容。

第三十六条　消防设计审查验收主管部门应当对备案的其他建设工程进行抽查。抽查工作推行“双随机、一公开”制度，随机抽取检查对象，随机选派检查人员。抽取比例由省、自治区、直辖市人民政府住房和城乡建设主管部门，结合辖区内消防设计、施工质量情况确定，并向社会公示。

消防设计审查验收主管部门应当自其他建设工程被确定为检查对象之日起十五个工作日内，按照建设工程消防验收有关规定完成检查，制作检查记录。检查结果应当通知建设单位，并向社会公示。

第三十七条　建设单位收到检查不合格整改通知后，应当停止使用建设工程，并组织整改，整改完成后，向消防设计审查验收主管部门申请复查。

消防设计审查验收主管部门应当自收到书面申请之日起七个工作日内进行复查，并出具复查意见。复查合格后方可使用建设工程。

第六章 附 则

第三十八条 违反本规定的行为,依照《中华人民共和国建筑法》《中华人民共和国消防法》《建设工程质量管理条例》等法律法规给予处罚;构成犯罪的,依法追究刑事责任。

建设、设计、施工、工程监理、技术服务等单位及其从业人员违反有关建设工程法律法规和国家工程建设消防技术标准,除依法给予处罚或者追究刑事责任外,还应当依法承担相应的民事责任。

第三十九条 建设工程消防设计审查验收规则和执行本规定所需要的文书式样,由国务院住房和城乡建设主管部门制定。

第四十条 新颁布的国家工程建设消防技术标准实施之前,建设工程的消防设计已经依法审查合格的,按原审查意见的标准执行。

第四十一条 住宅室内装饰装修、村民自建住宅、救灾和非人员密集场所的临时性建筑的建设活动,不适用本规定。

第四十二条 省、自治区、直辖市人民政府住房和城乡建设主管部门可以根据有关法律法规和本规定,结合本地实际情况,制定实施细则。

第四十三条 本规定自 2020 年 6 月 1 日起施行。

高层民用建筑消防安全管理规定

(2021 年 6 月 21 日应急管理部令第 5 号发布
自 2021 年 8 月 1 日起施行)

第一章 总 则

第一条 为了加强高层民用建筑消防安全管理,预防火灾和减少火灾危害,根据《中华人民共和国消防法》等法律、行政法规和国务院有关规定,制定本规定。

第二条　本规定适用于已经建成且依法投入使用的高层民用建筑(包括高层住宅建筑和高层公共建筑)的消防安全管理。

第三条　高层民用建筑消防安全管理贯彻预防为主、防消结合的方针,实行消防安全责任制。

建筑高度超过100米的高层民用建筑应当实行更加严格的消防安全管理。

第二章　消防安全职责

第四条　高层民用建筑的业主、使用人是高层民用建筑消防安全责任主体,对高层民用建筑的消防安全负责。高层民用建筑的业主、使用人是单位的,其法定代表人或者主要负责人是本单位的消防安全责任人。

高层民用建筑的业主、使用人可以委托物业服务企业或者消防技术服务机构等专业服务单位(以下统称消防服务单位)提供消防安全服务,并应当在服务合同中约定消防安全服务的具体内容。

第五条　同一高层民用建筑有两个及以上业主、使用人的,各业主、使用人对其专有部分的消防安全负责,对共有部分的消防安全共同负责。

同一高层民用建筑有两个及以上业主、使用人的,应当共同委托物业服务企业,或者明确一个业主、使用人作为统一管理人,对共有部分的消防安全实行统一管理,协调、指导业主、使用人共同做好整栋建筑的消防安全工作,并通过书面形式约定各方消防安全责任。

第六条　高层民用建筑以承包、租赁或者委托经营、管理等形式交由承包人、承租人、经营管理人使用的,当事人在订立承包、租赁、委托管理等合同时,应当明确各方消防安全责任。委托方、出租方依照法律规定,可以对承包方、承租方、受托方的消防安全工作统一协调、管理。

实行承包、租赁或者委托经营、管理时,业主应当提供符合消防安全要求的建筑物,督促使用人加强消防安全管理。

第七条　高层公共建筑的业主单位、使用单位应当履行下列消防安全职责:

（一）遵守消防法律法规，建立和落实消防安全管理制度；

（二）明确消防安全管理机构或者消防安全管理人员；

（三）组织开展防火巡查、检查，及时消除火灾隐患；

（四）确保疏散通道、安全出口、消防车通道畅通；

（五）对建筑消防设施、器材定期进行检验、维修，确保完好有效；

（六）组织消防宣传教育培训，制定灭火和应急疏散预案，定期组织消防演练；

（七）按照规定建立专职消防队、志愿消防队（微型消防站）等消防组织；

（八）法律、法规规定的其他消防安全职责。

委托物业服务企业，或者明确统一管理人实施消防安全管理的，物业服务企业或者统一管理人应当按照约定履行前款规定的消防安全职责，业主单位、使用单位应当督促并配合物业服务企业或者统一管理人做好消防安全工作。

第八条　高层公共建筑的业主、使用人、物业服务企业或者统一管理人应当明确专人担任消防安全管理人，负责整栋建筑的消防安全管理工作，并在建筑显著位置公示其姓名、联系方式和消防安全管理职责。

高层公共建筑的消防安全管理人应当履行下列消防安全管理职责：

（一）拟订年度消防工作计划，组织实施日常消防安全管理工作；

（二）组织开展防火检查、巡查和火灾隐患整改工作；

（三）组织实施对建筑共用消防设施设备的维护保养；

（四）管理专职消防队、志愿消防队（微型消防站）等消防组织；

（五）组织开展消防安全的宣传教育和培训；

（六）组织编制灭火和应急疏散综合预案并开展演练。

高层公共建筑的消防安全管理人应当具备与其职责相适应的消防安全知识和管理能力。对建筑高度超过100米的高层公共建筑，鼓励有关单位聘用相应级别的注册消防工程师或者相关工程类中级及以上专业技术职务的人员担任消防安全管理人。

第九条　高层住宅建筑的业主、使用人应当履行下列消防安全义务：

（一）遵守住宅小区防火安全公约和管理规约约定的消防安全事项；

（二）按照不动产权属证书载明的用途使用建筑；

（三）配合消防服务单位做好消防安全工作；

（四）按照法律规定承担消防服务费用以及建筑消防设施维修、更新和改造的相关费用；

（五）维护消防安全，保护消防设施，预防火灾，报告火警，成年人参加有组织的灭火工作；

（六）法律、法规规定的其他消防安全义务。

第十条 接受委托的高层住宅建筑的物业服务企业应当依法履行下列消防安全职责：

（一）落实消防安全责任，制定消防安全制度，拟订年度消防安全工作计划和组织保障方案；

（二）明确具体部门或者人员负责消防安全管理工作；

（三）对管理区域内的共用消防设施、器材和消防标志定期进行检测、维护保养，确保完好有效；

（四）组织开展防火巡查、检查，及时消除火灾隐患；

（五）保障疏散通道、安全出口、消防车通道畅通，对占用、堵塞、封闭疏散通道、安全出口、消防车通道等违规行为予以制止；制止无效的，及时报告消防救援机构等有关行政管理部门依法处理；

（六）督促业主、使用人履行消防安全义务；

（七）定期向所在住宅小区业主委员会和业主、使用人通报消防安全情况，提示消防安全风险；

（八）组织开展经常性的消防宣传教育；

（九）制定灭火和应急疏散预案，并定期组织演练；

（十）法律、法规规定和合同约定的其他消防安全职责。

第十一条 消防救援机构和其他负责消防监督检查的机构依法对高层民用建筑进行消防监督检查，督促业主、使用人、受委托的消防服务单位等落实消防安全责任；对监督检查中发现的火灾隐患，通知有关单位或者个人立即采取措施消除隐患。

消防救援机构应当加强高层民用建筑消防安全法律、法规的宣传，督促、指导有关单位做好高层民用建筑消防安全宣传教育工作。

第十二条 村民委员会、居民委员会应当依法组织制定防火安全公约，对高层民用建筑进行防火安全检查，协助人民政府和有关部门加强消防宣传教育；对老年人、未成年人、残疾人等开展有针对性的消防宣传教育，加强消防安全帮扶。

第十三条 供水、供电、供气、供热、通信、有线电视等专业运营单位依法对高层民用建筑内由其管理的设施设备消防安全负责，并定期进行检查和维护。

第三章 消防安全管理

第十四条 高层民用建筑施工期间，建设单位应当与施工单位明确施工现场的消防安全责任。施工期间应当严格落实现场防范措施，配置消防器材，指定专人监护，采取防火分隔措施，不得影响其他区域的人员安全疏散和建筑消防设施的正常使用。

高层民用建筑的业主、使用人不得擅自变更建筑使用功能、改变防火防烟分区，不得违反消防技术标准使用易燃、可燃装修装饰材料。

第十五条 高层民用建筑的业主、使用人或者物业服务企业、统一管理人应当对动用明火作业实行严格的消防安全管理，不得在具有火灾、爆炸危险的场所使用明火；因施工等特殊情况需要进行电焊、气焊等明火作业的，应当按照规定办理动火审批手续，落实现场监护人，配备消防器材，并在建筑主入口和作业现场显著位置公告。作业人员应当依法持证上岗，严格遵守消防安全规定，清除周围及下方的易燃、可燃物，采取防火隔离措施。作业完毕后，应当进行全面检查，消除遗留火种。

高层公共建筑内的商场、公共娱乐场所不得在营业期间动火施工。

高层公共建筑内应当确定禁火禁烟区域，并设置明显标志。

第十六条 高层民用建筑内电器设备的安装使用及其线路敷设、维护保养和检测应当符合消防技术标准及管理规定。

高层民用建筑业主、使用人或者消防服务单位，应当安排专业机构或者电工定期对管理区域内由其管理的电器设备及线路进行检查；对不符合安全要求的，应当及时维修、更换。

第十七条 高层民用建筑内燃气用具的安装使用及其管路敷设、维护保养和检测应当符合消防技术标准及管理规定。禁止违反燃气安全使用规定，擅自安装、改装、拆除燃气设备和用具。

高层民用建筑使用燃气应当采用管道供气方式。禁止在高层民用建筑地下部分使用液化石油气。

第十八条 禁止在高层民用建筑内违反国家规定生产、储存、经营甲、乙类火灾危险性物品。

第十九条 设有建筑外墙外保温系统的高层民用建筑,其管理单位应当在主入口及周边相关显著位置,设置提示性和警示性标识,标示外墙外保温材料的燃烧性能、防火要求。对高层民用建筑外墙外保温系统破损、开裂和脱落的,应当及时修复。高层民用建筑在进行外墙外保温系统施工时,建设单位应当采取必要的防火隔离以及限制住人和使用的措施,确保建筑内人员安全。

禁止使用易燃、可燃材料作为高层民用建筑外墙外保温材料。禁止在其建筑内及周边禁放区域燃放烟花爆竹;禁止在其外墙周围堆放可燃物。对于使用难燃外墙外保温材料或者采用与基层墙体、装饰层之间有空腔的建筑外墙外保温系统的高层民用建筑,禁止在其外墙动火用电。

第二十条 高层民用建筑的电缆井、管道井等竖向管井和电缆桥架应当在每层楼板处进行防火封堵,管井检查门应当采用防火门。

禁止占用电缆井、管道井,或者在电缆井、管道井等竖向管井堆放杂物。

第二十一条 高层民用建筑的户外广告牌、外装饰不得采用易燃、可燃材料,不得妨碍防烟排烟、逃生和灭火救援,不得改变或者破坏建筑立面防火结构。

禁止在高层民用建筑外窗设置影响逃生和灭火救援的障碍物。

建筑高度超过 50 米的高层民用建筑外墙上设置的装饰、广告牌应当采用不燃材料并易于破拆。

第二十二条 禁止在消防车通道、消防车登高操作场地设置构筑物、停车泊位、固定隔离桩等障碍物。

禁止在消防车通道上方、登高操作面设置妨碍消防车作业的架空管线、广告牌、装饰物等障碍物。

第二十三条 高层公共建筑内餐饮场所的经营单位应当及时对厨房灶具和排油烟罩设施进行清洗,排油烟管道每季度至少进行一次检查、清洗。

高层住宅建筑的公共排油烟管道应当定期检查,并采取防火措施。

第二十四条 除为满足高层民用建筑的使用功能所设置的自用物品暂存库房、档案室和资料室等附属库房外,禁止在高层民用建筑内设置其他库房。

高层民用建筑的附属库房应当采取相应的防火分隔措施，严格遵守有关消防安全管理规定。

第二十五条　高层民用建筑内的锅炉房、变配电室、空调机房、自备发电机房、储油间、消防水泵房、消防水箱间、防排烟风机房等设备用房应当按照消防技术标准设置，确定为消防安全重点部位，设置明显的防火标志，实行严格管理，并不得占用和堆放杂物。

第二十六条　高层民用建筑消防控制室应当由其管理单位实行 24 小时值班制度，每班不应少于 2 名值班人员。

消防控制室值班操作人员应当依法取得相应等级的消防行业特有工种职业资格证书，熟练掌握火警处置程序和要求，按照有关规定检查自动消防设施、联动控制设备运行情况，确保其处于正常工作状态。

消防控制室内应当保存高层民用建筑总平面布局图、平面布置图和消防设施系统图及控制逻辑关系说明、建筑消防设施维修保养记录和检测报告等资料。

第二十七条　高层公共建筑内有关单位、高层住宅建筑所在社区居民委员会或者物业服务企业按照规定建立的专职消防队、志愿消防队（微型消防站）等消防组织，应当配备必要的人员、场所和器材、装备，定期进行消防技能培训和演练，开展防火巡查、消防宣传，及时处置、扑救初起火灾。

第二十八条　高层民用建筑的疏散通道、安全出口应当保持畅通，禁止堆放物品、锁闭出口、设置障碍物。平时需要控制人员出入或者设有门禁系统的疏散门，应当保证发生火灾时易于开启，并在现场显著位置设置醒目的提示和使用标识。

高层民用建筑的常闭式防火门应当保持常闭，闭门器、顺序器等部件应当完好有效；常开式防火门应当保证发生火灾时自动关闭并反馈信号。

禁止圈占、遮挡消火栓，禁止在消火栓箱内堆放杂物，禁止在防火卷帘下堆放物品。

第二十九条　高层民用建筑内应当在显著位置设置标识，指示避难层（间）的位置。

禁止占用高层民用建筑避难层（间）和避难走道或者堆放杂物，禁止锁闭避难层（间）和避难走道出入口。

第三十条 高层公共建筑的业主、使用人应当按照国家标准、行业标准配备灭火器材以及自救呼吸器、逃生缓降器、逃生绳等逃生疏散设施器材。

高层住宅建筑应当在公共区域的显著位置摆放灭火器材,有条件的配置自救呼吸器、逃生绳、救援哨、疏散用手电筒等逃生疏散设施器材。

鼓励高层住宅建筑的居民家庭制定火灾疏散逃生计划,并配置必要的灭火和逃生疏散器材。

第三十一条 高层民用建筑的消防车通道、消防车登高操作场地、灭火救援窗、灭火救援破拆口、消防车取水口、室外消火栓、消防水泵接合器、常闭式防火门等应当设置明显的提示性、警示性标识。消防车通道、消防车登高操作场地、防火卷帘下方还应当在地面标识出禁止占用的区域范围。消火栓箱、灭火器箱上应当张贴使用方法的标识。

高层民用建筑的消防设施配电柜电源开关、消防设备用房内管道阀门等应当标识开、关状态;对需要保持常开或者常闭状态的阀门,应当采取铅封等限位措施。

第三十二条 不具备自主维护保养检测能力的高层民用建筑业主、使用人或者物业服务企业应当聘请具备从业条件的消防技术服务机构或者消防设施施工安装企业对建筑消防设施进行维护保养和检测;存在故障、缺损的,应当立即组织维修、更换,确保完好有效。

因维修等需要停用建筑消防设施的,高层民用建筑的管理单位应当严格履行内部审批手续,制定应急方案,落实防范措施,并在建筑入口处等显著位置公告。

第三十三条 高层公共建筑消防设施的维修、更新、改造的费用,由业主、使用人按照有关法律规定承担,共有部分按照专有部分建筑面积所占比例承担。

高层住宅建筑的消防设施日常运行、维护和维修、更新、改造费用,由业主依照法律规定承担;委托消防服务单位的,消防设施的日常运行、维护和检测费用应当纳入物业服务或者消防技术服务专项费用。共用消防设施的维修、更新、改造费用,可以依法从住宅专项维修资金列支。

第三十四条 高层民用建筑应当进行每日防火巡查,并填写巡查记录。其中,高层公共建筑内公众聚集场所在营业期间应当至少每 2 小时进行一次防火巡查,医院、养老院、寄宿制学校、幼儿园应当进行白天和夜间防火巡查,高层住宅建筑和高层公共建筑内的其他场所可以结合实际确定防火巡查的频次。

防火巡查应当包括下列内容:

(一)用火、用电、用气有无违章情况;

(二)安全出口、疏散通道、消防车通道畅通情况;

(三)消防设施、器材完好情况,常闭式防火门关闭情况;

(四)消防安全重点部位人员在岗在位等情况。

第三十五条 高层住宅建筑应当每月至少开展一次防火检查,高层公共建筑应当每半个月至少开展一次防火检查,并填写检查记录。

防火检查应当包括下列内容:

(一)安全出口和疏散设施情况;

(二)消防车通道、消防车登高操作场地和消防水源情况;

(三)灭火器材配置及有效情况;

(四)用火、用电、用气和危险品管理制度落实情况;

(五)消防控制室值班和消防设施运行情况;

(六)人员教育培训情况;

(七)重点部位管理情况;

(八)火灾隐患整改以及防范措施的落实等情况。

第三十六条 对防火巡查、检查发现的火灾隐患,高层民用建筑的业主、使用人、受委托的消防服务单位,应当立即采取措施予以整改。

对不能当场改正的火灾隐患,应当明确整改责任、期限,落实整改措施,整改期间应当采取临时防范措施,确保消防安全;必要时,应当暂时停止使用危险部位。

第三十七条 禁止在高层民用建筑公共门厅、疏散走道、楼梯间、安全出口停放电动自行车或者为电动自行车充电。

鼓励在高层住宅小区内设置电动自行车集中存放和充电的场所。电动自行车存放、充电场所应当独立设置,并与高层民用建筑保持安全距离;确需设置在高层民用建筑内的,应当与该建筑的其他部分进行防火分隔。

电动自行车存放、充电场所应当配备必要的消防器材,充电设施应当具备充满自动断电功能。

第三十八条 鼓励高层民用建筑推广应用物联网和智能化技术手段对

电气、燃气消防安全和消防设施运行等进行监控和预警。

未设置自动消防设施的高层住宅建筑，鼓励因地制宜安装火灾报警和喷水灭火系统、火灾应急广播以及可燃气体探测、无线手动火灾报警、无线声光火灾警报等消防设施。

第三十九条 高层民用建筑的业主、使用人或者消防服务单位、统一管理人应当每年至少组织开展一次整栋建筑的消防安全评估。消防安全评估报告应当包括存在的消防安全问题、火灾隐患以及改进措施等内容。

第四十条 鼓励、引导高层公共建筑的业主、使用人投保火灾公众责任保险。

第四章 消防宣传教育和灭火疏散预案

第四十一条 高层公共建筑内的单位应当每半年至少对员工开展一次消防安全教育培训。

高层公共建筑内的单位应当对本单位员工进行上岗前消防安全培训，并对消防安全管理人员、消防控制室值班人员和操作人员、电工、保安员等重点岗位人员组织专门培训。

高层住宅建筑的物业服务企业应当每年至少对居住人员进行一次消防安全教育培训，进行一次疏散演练。

第四十二条 高层民用建筑应当在每层的显著位置张贴安全疏散示意图，公共区域电子显示屏应当播放消防安全提示和消防安全知识。

高层公共建筑除遵守本条第一款规定外，还应当在首层显著位置提示公众注意火灾危险，以及安全出口、疏散通道和灭火器材的位置。

高层住宅小区除遵守本条第一款规定外，还应当在显著位置设置消防安全宣传栏，在高层住宅建筑单元入口处提示安全用火、用电、用气，以及电动自行车存放、充电等消防安全常识。

第四十三条 高层民用建筑应当结合场所特点，分级分类编制灭火和应急疏散预案。

规模较大或者功能业态复杂，且有两个及以上业主、使用人或者多个职能部门的高层公共建筑，有关单位应当编制灭火和应急疏散总预案，各单位或者职能部门应当根据场所、功能分区、岗位实际编制专项灭火和应急疏散预案或者现场处置方案(以下统称分预案)。

灭火和应急疏散预案应当明确应急组织机构,确定承担通信联络、灭火、疏散和救护任务的人员及其职责,明确报警、联络、灭火、疏散等处置程序和措施。

第四十四条 高层民用建筑的业主、使用人、受委托的消防服务单位应当结合实际,按照灭火和应急疏散总预案和分预案分别组织实施消防演练。

高层民用建筑应当每年至少进行一次全要素综合演练,建筑高度超过100米的高层公共建筑应当每半年至少进行一次全要素综合演练。编制分预案的,有关单位和职能部门应当每季度至少进行一次综合演练或者专项灭火、疏散演练。

演练前,有关单位应当告知演练范围内的人员并进行公告;演练时,应当设置明显标识;演练结束后,应当进行总结评估,并及时对预案进行修订和完善。

第四十五条 高层公共建筑内的人员密集场所应当按照楼层、区域确定疏散引导员,负责在火灾发生时组织、引导在场人员安全疏散。

第四十六条 火灾发生时,发现火灾的人员应当立即拨打119电话报警。

火灾发生后,高层民用建筑的业主、使用人、消防服务单位应当迅速启动灭火和应急疏散预案,组织人员疏散,扑救初起火灾。

火灾扑灭后,高层民用建筑的业主、使用人、消防服务单位应当组织保护火灾现场,协助火灾调查。

第五章 法律责任

第四十七条 违反本规定,有下列行为之一的,由消防救援机构责令改正,对经营性单位和个人处2000元以上10000元以下罚款,对非经营性单位和个人处500元以上1000元以下罚款:

(一)在高层民用建筑内进行电焊、气焊等明火作业,未履行动火审批手续、进行公告,或者未落实消防现场监护措施的;

(二)高层民用建筑设置的户外广告牌、外装饰妨碍防烟排烟、逃生和灭火救援,或者改变、破坏建筑立面防火结构的;

（三）未设置外墙外保温材料提示性和警示性标识，或者未及时修复破损、开裂和脱落的外墙外保温系统的；

（四）未按照规定落实消防控制室值班制度，或者安排不具备相应条件的人员值班的；

（五）未按照规定建立专职消防队、志愿消防队等消防组织的；

（六）因维修等需要停用建筑消防设施未进行公告、未制定应急预案或者未落实防范措施的；

（七）在高层民用建筑的公共门厅、疏散走道、楼梯间、安全出口停放电动自行车或者为电动自行车充电，拒不改正的。

第四十八条　违反本规定的其他消防安全违法行为，依照《中华人民共和国消防法》第六十条、第六十一条、第六十四条、第六十五条、第六十六条、第六十七条、第六十八条、第六十九条和有关法律法规予以处罚；构成犯罪的，依法追究刑事责任。

第四十九条　消防救援机构及其工作人员在高层民用建筑消防监督检查中，滥用职权、玩忽职守、徇私舞弊的，对直接负责的主管人员和其他直接责任人员依法给予处分；构成犯罪的，依法追究刑事责任。

第六章　附　　则

第五十条　本规定下列用语的含义：

（一）高层住宅建筑，是指建筑高度大于 27 米的住宅建筑。

（二）高层公共建筑，是指建筑高度大于 24 米的非单层公共建筑，包括宿舍建筑、公寓建筑、办公建筑、科研建筑、文化建筑、商业建筑、体育建筑、医疗建筑、交通建筑、旅游建筑、通信建筑等。

（三）业主，是指高层民用建筑的所有权人，包括单位和个人。

（四）使用人，是指高层民用建筑的承租人和其他实际使用人，包括单位和个人。

第五十一条　本规定自 2021 年 8 月 1 日起施行。